バス通勤

健康の秘訣

朱德元帅

姚有志 ◎ 主编

民主与建设出版社
·北京·

© 民主与建设出版社，2024

图书在版编目（CIP）数据

红色将帅．十大元帅．朱德 / 姚有志主编．—北京：民主与建设出版社，2017.1（2024.8 重印）

ISBN 978-7-5139-1169-6

Ⅰ．①红… Ⅱ．①姚… Ⅲ．①朱德（1886-1976）—生平事迹 Ⅳ．①K825.2

中国版本图书馆 CIP 数据核字（2016）第 270931 号

红色将帅．十大元帅．朱德
HONGSE JIANGSHUAI: SHIDA YUANSHUAI: ZHU DE

主　　编	姚有志
选题策划	梁　洁
责任编辑	王　越
特约编辑	胡艳红　肖贵辉
封面设计	罗四夕书籍设计工作室
内文设计	逸品文化
出版发行	民主与建设出版社有限责任公司
电　　话	（010）59417747　59419778
社　　址	北京市海淀区西三环中路10号望海楼E座7层
邮　　编	100142
印　　刷	文永印刷河北有限公司
版　　次	2017 年 6 月第 1 版
印　　次	2024 年 8 月第 2 次印刷
开　　本	710mm×1000mm　1/16
印　　张	11.5
字　　数	108 千字
书　　号	ISBN 978-7-5139-1169-6
定　　价	26.80 元

注：如有印、装质量问题，请与出版社联系。

目录

003 ○ 出生于一个佃农家庭
007 ○ 艰难的读书生活
011 ○ 走进讲武堂
014 ○ 参加辛亥革命
020 ○ 四年官升六级
024 ○ 留　洋
029 ○ 完成党交给的任务
032 ○ 举旗南昌
037 ○ 南下首克钱大钧
041 ○ 血战三河坝
046 ○ "要革命的跟我走"
049 ○ 重整旗鼓
055 ○ 寻找毛泽东
058 ○ 智取宜章
061 ○ 点燃湘南起义烈火
067 ○ 向井冈山转移

- 071 o 朱毛会师
- 084 o 粉碎敌人"进剿"
- 076 o "朱德扁担"
- 081 o "和天下穷人心连心"
- 085 o 开创赣南根据地
- 091 o 粉碎五次反"围剿"
- 101 o 统帅三军行万里
- 105 o "敌人的枪是打不中朱德的"
- 107 o 临大节而不辱
- 121 o 八路军总指挥
- 125 o 率部转战太行
- 134 o 屯垦南泥湾
- 141 o 运筹与决胜全国解放战争
- 146 o 亲临前线克石门
- 151 o 在最小的司令部里
- 153 o 瞒天过海
- 157 o 穿着补丁鞋进京
- 161 o 在天安门上检阅三军
- 165 o 中华第一帅
- 171 o 情系国防现代化
- 175 o 生命的最后时刻

朱德元帅

> "我从小就是饿着肚子长大的，因此后来搞革命时就不怕饿，好像根本不知道饿"。跟匪兵作战使他学到了游击战经验。他在德国学习，因声援中国五卅运动而被德国当局逮捕，后被驱逐出境来到列宁格勒学习。国民党一家报纸大声惊呼："民国十六年，朱德叛变于南昌。"1927年9月，有人称他为"总司令"。在受敌人四面包围的紧急情况下，他呼地站起来，高举步枪，大声呼喊："冲啊！同志们！"朱毛第一次相见，两人激动得半天说不出话来。朱毛第一次合作……面对张国焘另立中央的胁迫，他说，要我这个"朱"去反"毛"，我可做不到呀！他率八路军总部两年多移动在太行山区。他站在天安门城楼上想的是什么？他第一个从毛主席手中接过元帅命令状和勋章。弥留之际，他对康克清说："我们积蓄的钱，你要全部交给党，不给子孙们留下分文……"

出生于一个佃农家庭

1886年12月1日,朱德出生于四川省仪陇县马鞍场李家湾(今丁家湾)一户佃农家里。祖籍广东韶州府(今韶关市),清嘉庆年间迁居仪陇,世代为地主耕种,终年劳作所得,除缴纳地租外,所余仅足糊口。

▲ 朱德故居

对于一个已有11口人的原已贫穷不堪的家庭来说，朱德的出生，添人加口，无疑使这个家庭生活更艰难。

朱德的祖父朱邦俊，是个富于农事经验的老农，到八九十岁还下田劳动。祖母潘氏是全家各种活动的能干的组织者，每年年终总是把第二年的农活、家务安排得妥妥帖帖。母亲钟氏，勤劳俭朴，宽厚仁慈，温顺和善，对朱德的影响很大。几十年后，朱德还深情地回忆道："我应该感谢母亲，她教给我与困难作斗争的经验。我在家庭中已经饱尝艰苦，这使我在30多年的军事生活和革命生活中再没感到过困难，没被困难吓倒。母亲又给我一个强健的身体，一个勤劳的习惯，使我从来没感到过劳累。我应该感谢母亲，她教给我生产的知识和革命的意志，鼓励我以后走上革命的道路。在这条路上，我一天比一天更加认识，只有这种知识，才是世界上最可贵的财富。"

朱德的生父叫朱世林。朱德两岁时过继给无儿无女的伯父朱世连。伯父家生活也很贫穷，他不得不在四五岁时就参加农业劳动，到七八岁时已经能干很多农活。尽管成年累月拼死拼活地劳动，一年绝大部分的劳动所得，都被地主"丁阎王"拿走了。"不种粮食的有粮吃，种粮食的没粮吃"，这就是旧社会的"公理"。

最使幼小的朱德愤懑的是这样两件事：

一是1894年,朱家在药铺垭朱家祠堂旁边,种了一窝竹子,朱德每天打猪草回来去给竹子浇水。眼看着竹子发芽了,长高了,朱德心里可高兴啦。不料有一天,丁家地主到那里去看了一眼,硬说这窝竹子栽过了地界,竹子得归他所有,这不明明是欺负人嘛!

第二件事发生在1895年除夕。那一年,四川由于遇到天灾,收成很不好。可是狠心的地主还非要给朱家加租加押,不然就不让他们种这块地。没办法,朱家只好决定分家另租地种。

这两件事,对朱德的刺激特别大。朱德后来回忆说:"许多不平事实,启发了我幼年时期反抗压迫、追求光明的思想,使我决心寻找新的生活。"

在封建地主阶级的残酷压迫下,朱家过着穷困不堪的生活。每天吃的是酸菜、杂粮稀饭,外加一碗煮青菜。盐巴是很宝贵的,根本不敢放进锅里。每次吃饭只在桌子中间放一碗咸盐水,把青菜夹在盐汤里过一下;或是摆一块盐巴放在桌上,大家吃煮熟的青菜时,放在盐巴上擦一擦。过年时杀一头猪,把肉熏起来,管吃一年,每逢过节过年时,每人分吃一两块。穿的是自己纺线织成的"家织布",足有铜钱那么厚。一套衣服老大穿过了,老二、老三接着穿。艰苦的童年生活,养成了朱德艰苦朴素、勤俭节约、吃苦耐劳的好习惯。他在回

忆艰苦的童年生活对自己的影响时说:"我从小就是饿着肚子长大的,因此后来搞革命时,就不大怕饿,好像根本不知道饿。讲起干活,也是一样。我从小到大都干活,所以后来做体力劳动时从来不觉得面子难看。走路也是一样,成年以后,我虽然有时有马骑,可是一生之中差不多都是走路,经常几个月、几年长距离行军,同我指挥的士兵并肩走来走去。""过惯那种清苦生活,走遍全世界也就不觉得苦了,在毛儿盖觉得也不过我们那样子。"

艰难的读书生活

正是为了免受地主、官兵、税吏的欺侮,朱家决定送朱德去读书,以便"支撑门户"。6岁时,朱德来到了远房堂叔朱世秦办的药铺垭私塾读书。在这所私塾的学生中,他年龄最小,但由于聪颖、刻苦,很受塾师喜爱。朱德读书很用功,在所有的学生中,他记字最多,一年就读完了《三字经》、《大学》、《中庸》和《论语》。

为了使儿子更有长进,父母又送他到丁秀才的私塾中继续读书。

在丁秀才的30多名学生中,大都是姓丁的大户人家的子弟。朱德被指定坐在最后一排。丁家的少爷们生活优裕,对读书不感兴趣,不是跑出去玩,便是偷着去看戏。丁先生也得罪不起这些少爷们。

但是,他对朱德却管教很严,稍有差错,就要打"手板"。

朱德懂得像他这样的家境,读书上学是多么不容易

的事；年纪虽小，却一刻也不敢忘记父亲的期望，读书从不马虎。先生讲课时，他总是认真听，读书、写字都进步很快。10岁那年，他又到席家砭席聘三门下读私塾。席先生给他取字为"玉阶"。每天清晨，他起来为家里挑水、喂猪，吃过早饭便赶8里路去上学。暑去寒来，他养成了走路迅疾的习惯。从10岁到18岁，朱德在成长过程的这个重要时期，是在席聘三的私塾中度过的。

由于家境贫寒，地位低下，朱德在学习中经常遇到各种困难，但他有着坚强刚毅的性格。他不低头，不气馁，发愤用功，自强不息。在整个学堂里，朱德的年纪最小，但他读书读得最多，最好。连偏心的先生也不得不承认：朱代珍（朱德的学名）这个娃娃将来肯定有出息！

1905年，朱德年满19岁，信息不灵的乡村和寒窗苦读的私塾，已不能满足他对理想的追求和报国的渴望。朱德决心出去闯一闯。在席先生的鼓励下，他肩挑行李，步行数十里，来到仪陇县城参加科举考试。县试发榜，他名列第20名。接着，他又挑着行李步行来到顺庆府参加府试。结果，他又一次顺利过关。

正在这时，清政府实行"新政"，宣布自1906年起两年内一律停止科举考试，举办新学。在革新浪潮的推动下，各种新式学堂雨后春笋般地在各地开办起来。1906年春，朱德考入了顺庆府官立新式小学堂。同年秋，他又考入中学堂。朱德如饥似渴地学习新学国文、数学、物理、化学、历史、地理、外语等。

顺庆府中学监督张澜、刘寿川及一些教师，曾去日本留学，他们思想开化、激进。张澜曾对学生们疾呼，现在要亡国灭种了！你们牺牲身家性命也要去救国家！

虽然在这所新式学堂读书只有一年时间，但朱德的思想发生了进一步的变化，他萌发了教育救国，读书不忘救国的思想。同时，他对社会的了解也更多了，他的求知求学救中国的愿望更强烈了。

1907年初春，满怀对近代科学文化知识的渴求，20岁的朱德又踏上前去成都的路途。他一向认为，必须强体健身，操习武艺，才能在日后为拯救国家危亡效力。在这种认识的支配下，他报考了当时为训练新军军士而开设的武备学堂的弁目队。后来，他又考入四川通省师范学堂附设的体育学堂。

在体育学堂里，他不放过一切机会，如饥似渴地获取更多的知识；坚持每天晨起锻炼，跑步之后练双杠、木马，刻苦练习各种体育项目。一年后，在学期届满毕业时，他取得了优异的成绩。在他学习的12门课程中，考试成绩在八九十分以上的有修身、教育、心

理、算术、教练和器械，其中成绩最好的是器械，得了100分。

在朱德就读的学堂里，要求推翻清政府，建立民主共和国的思潮也日益流行。这样，朱德对国事、对革命更加关心了。他经常和同学们在一起慷慨陈词，谈论强国富民的问题，探索救国救民的道路。

从体育学堂毕业后，朱德又回到家乡仪陇县，随后担任了县立高等小学堂的体育教习兼庶务。

在仪陇县立高等小学堂一年的经历，朱德感受到了社会上旧势力的压迫和排挤，更看到了社会的腐败和黑暗，认识到"教书不是一条生路"，决心走一条新路。他要投笔从戎，寻找新的救国之路。

1909年初春，朱德毫不犹豫地辞去教师一职，前往云南昆明报考陆军讲武堂。

临走前，他奋笔疾书，立下救国誓言：

志士恨无穷，只身走西东。
投笔从戎去，刷新旧国风。

走进讲武堂

云南陆军讲武堂成立于1909年8月15日，任务是培训现任军官，又为新军补充下级军官。这个学堂名义上是清政府兴办的，但真正领导这个学堂的却是革命党人，学堂的监督是李根源。教官当中，如方声涛、赵康时、李烈钧、罗佩全、唐继尧、刘祖武、顾品珍等多是同盟会员，或者是同情和支持同盟会的，并且在日本士官学校学习过，既有新的革命思想，又有军事才能。朱德能进入这个学堂学习，简直是如鱼得水，快活极了。

学堂特别注重对学生进行爱国、救国的思想教育，每天清晨，大操场上回荡起讲武堂堂歌：

风云滚滚，感觉它黄狮一梦醒。同胞四万万，互相奋起作长城。神州大陆奇男子，携手从军去。但凭那团结力，旋转新乾坤。哪怕它欧风美雨，来势颇凶狠。练成铁臂担重任，壮哉中国民！壮哉中国民！

▲ 云南陆军讲武堂旧址

堪叹那世人,不上高山安知陆地平。二十世纪风潮紧,欧美人要瓜分。枕戈待旦,奔赴疆场。保家卫国,壮烈牺牲。要知从军事,是男儿本分。鼓起勇气向前进,壮哉中国民!壮哉中国民!

朱德就是在这样的气氛中,开始了他的军旅生涯。他曾回忆说:"我一心一意地投入讲武堂的工作和生活,从来没有这样拼命干过。我知道我终于踏上了可以拯救中国于水火的道路,满腔热忱,觉得中国青年着实可以使高山低头,河水让路。"

讲武堂的学科和术科都是依照日本士官学校的模式设立的,有步、骑、炮、工等兵科。学生分甲、乙、丙班,朱德被编在丙班。朱培德、范石生、金汉鼎、杨如轩、杨池生、王均等一些后来的国民党军队将领,这时都是朱德的同学。

讲武堂管理严格,生活紧张。每天6小时上课,2

小时操练。朱德对国文、算学、历史、地理等普通学科有相当的基础，对步兵操典、射击教范、阵中勤务和兵器、战术、地形、筑城、野外学习等军事术科更有浓厚的兴趣，认真学习基本理论，刻苦进行技能训练，各科成绩都很好，尤其是步兵操典课，成绩在全班名列前茅。由于他品学兼优，在丙班学习不到一年，就被选拔到特别班学习。

在讲武堂，朱德进一步受到了革命思想的熏陶。他冒着危险，偷偷阅读在进步师生中流传的革命书刊，如《革命军》《警世钟》《民报》《南风报》等。入学半年后，他秘密加入了同盟会，歃血宣誓，要推翻腐朽的清王朝，为在中国实现民主、共和的理想而奋斗。

参加辛亥革命

1911年8月,朱德从讲武堂特别班毕业,被分配到蔡锷领导的新军第19镇(相当于师)第37协(相当于旅)第74标(相当于团)第2营左队(相当于连)任副目(相当于副班长),后来任司务长。

司务长这个工作,管钱管粮管被服,接触士兵的机会最多。朱德就利用这个便利条件,积极而又巧妙地去完成同盟会交代给他的一项任务——在士兵中宣传保路运动,宣传同盟会的纲领和同盟会在各地组织武装起义的情况,为云南的武装起义作准备。

在当时,搞这个工作是相当危险的,若是被清朝的密探们抓住了是要掉脑袋的。可是朱德有办法。他发现队伍里哥老会的成员挺多,于是便秘密参加了哥老会。利用这两种关系去开展工作,则万无一失。

果然,工作开展得很顺利。朱德已经交了不少要好的朋友,甚至包括警卫云贵总督衙门的卫队营管带(即营长）李凤楼。他向他们宣传同盟会的政纲，逐字逐句地讲解"驱逐鞑虏，恢复中华，创立民国，平均地权"这一口号的实际内容和现实意义，给他们灌输革命的思想，启发他们的政治觉悟。

1911年10月10日，同盟会在武昌领导起义，伟大的辛亥革命爆发了。这胜利的消息，极大地鼓舞了云南的革命党人。他们摩拳擦掌，加紧了响应起义的准备工作。清朝的云贵总督李经羲知道这个消息后，十分恐慌，便一方面在总督衙门内外修筑工事，调集卫队营、辎重营和两个机枪连来保卫总督衙门；另一方面又秘密逮捕革命党人，清洗军队中的不可靠分子，收缴不可靠部队的枪支和弹药。在这紧急关头，蔡锷、唐继尧、李鸿祥、谢汝翼等领导人果断决定：起义在10月30日晚（旧历9月9日重阳节）举行。

30日晚8点半钟，队里接到命令：紧急集合，先到巫家坝集结，而后进攻昆明。可是过了好大一会儿，仍然没有听到集合号声。朱德正在不安，忽然一个哥老会兄弟来报告，说刚才队官带着两个连的士兵逃跑了。朱德早就知道队官是个顽固的帝制派人物，但没有料到他在这紧急时刻来这一手。朱德想：如果让这个家伙逃进昆明，昆明会立即戒备起来，必然给起义军攻城造成极大的困难。事不宜迟，他立即命令几个同盟会员带领一

部分部队抄小路赶到前面去堵，自己则带领其余部队在后面追。

果然，不到10分钟，被拉走的部队就被追上了。朱德飞步跨到队官的前面说："队官大人！怎么丢下我们走了？"

"你们既然来了，那就跟上吧。"

"不！协统不是让我们去巫家坝集结吗？"

"你！你是个共和分子！把他抓起来！"说着，双方都亮出了枪械。

朱德为了不致过早地放枪暴露目标，便对队官说："你不愿意参加起义，我们不勉强。但你此时此刻不能去昆明。"

队官一看，前有堵兵，后有追兵，再争下去对自己也不利，便软了下来，说："那好吧，我们不去昆明，往南走，这总行了吧。"说着，便改道南行了。

朱德看队官走远了，便带着部队往巫家坝急速进发。到巫家坝一看，起义军总指挥蔡锷正在用激昂的声音讲话："弟兄们，二十天前，武昌举行了起义。接着，全国又有十二个省宣布独立。恢复中华的壮举正在席卷全国，蔚为大观。我们云南从今天起，立即成立共和军政府。同盟会诸公推我为云南共和军都督。我宣誓：誓死效忠共和！"

"誓死效忠共和!"全场壮士齐声高呼。

在朱德的印象里,蔡锷将军只是个单纯的军人。平时,他从不像其他人那样在讲话中多少要渗入一些革命思想,或明或暗地流露出对清政府的不满。正相反,他平时的讲话可以说是纯军事的,毫无政治色彩。每次讲完话,他就回到自己的住处,过深居简出的生活去了。虽然为了请他解答军事方面的一些疑难问题,朱德也曾不止一次地去过蔡锷的住处。但他除了谈学术之外,很少谈论时事。不过从蔡锷阅读的大量书刊中,朱德也隐隐地觉察到他绝不可能是个不问政治的人。蔡锷有缜密而深刻的思想,有独立而清晰的见解。他的"稳"是猛狮搏斗前的准备,他的"冷"是不见火焰的白热。可

▲ 1911年10月11日,革命党人在武昌成立湖北军政府

是，直到今天，朱德才第一次看见猛狮终于站起来了。他那短短的几句话，爆发出了多么巨大的光和热啊。朱德真是兴奋极了。他跑步过去向蔡锷报告："报告总指挥，刚才我们的队官跑了。"

"朝什么方向跑了？"

"本来是要去昆明，被我们拦住了，现在改道向南去了。"

"先不要管他。现在就任命你当队官，带队伍出发吧！"

"是！"朱德向蔡锷敬了一个礼。

队伍出发后不久，前方突然传来一阵马蹄声。来人向蔡锷报告说："我奉总督之命，前来向将军报到，协助将军清剿叛匪！"

原来总督李经羲根本不知道蔡锷就是起义军的首领，还以为是他的心腹哩。蔡锷冷冷地笑了笑，说："叛匪？谁是叛匪？我们就是要灭满兴汉，缔造共和。你大概也是汉人吧，那就跟我们一起干吧！"

来人大吃一惊，前后左右地看了看，知道大势已去，只好不言不语地跟着起义军走了。

进攻战打得很顺利。城外的枪声一响，事先潜入城内的讲武堂学员们就把城门打开了。朱德率领先锋连箭一样地直插总督衙门。天将黎明时，队伍来到总督衙门前，朱德的好友李凤楼立即加入了起义军，同时也把府门打开了。士兵们一拥而入，生擒了总督李经羲。

昆明城头换上了共和的旗号，昆明重九起义成功了。

四年官升六级

朱德经过讲武堂系统的军事训练与学习,具备了军人和军官许多优秀的素质,参加云南起义的当天就从司务长直接升为连长。也即一天之内升两级,到1915年,他已成为团长。这样,在4年内从司务长到团长共升了6级。

1911年11月15日,为援助四川人民抵抗清军,云南都督府组织援川军,朱德随援川军第一梯队出发,12月中旬占领四川叙府,不久又占领自流井(今属自贡市)。这时,朱德正式升任上尉连长。次年4月,援川任务结束后,朱德率部返滇。秋天,他出任云南讲武学校(即原讲武堂)学生队区队长兼军事教官,同年8月从同盟会会员转为国民党党员。

1913年夏,朱德重返蔡锷部,任云南陆军第1师第3旅步兵第2团第1营营长。秋天率部驻防云南蒙自、个旧一带。在这万山重叠、森林茂密的亚热带地区,有许多法帝国主义支持的武装土匪。朱德在剿匪过程中，总结出一整套行之有效的作战原则。这些原则对后来指导工农红军进行游击战争具有重要的意义。几十年后，朱德在陕北与美国记者韦尔斯女士还谈到这段经历：

"我用以攻击敌军而获得绝大胜利的战术，是流动的游击战术，这种战术是我从驻在中法边界时跟蛮子和匪徒作战的经验中得来的。我从跟匪兵的流动集群作战的艰苦经验中获得的战术，是特别有价值的战术。我把这种游击经验与从书本和学校得到的常识配合起来。"

鉴于朱德在云南边境剿匪屡建奇功，他于1915年升任副团长、团长。这年12月12日，袁世凯宣布恢复帝制。这时，被袁世凯软禁在北京的蔡锷，摆脱监视，取道返回昆明。25日，蔡锷与督理云南军务的唐继尧、云南巡按使任可澄通电全国，宣布云南独立，反对帝制，武力讨袁，随即组织护国军。蔡锷亲自写信给朱

▲ 湖北军政府颁发的武昌起义纪念章和光复纪念章

德，要他积极配合昆明和其他城市，同时起义。按照蔡锷的要求，朱德也于25日在蒙自发动讨袁起义，宣誓效忠共和。他在驱逐帝制派军官后，即征用全部火车车皮，率部开往昆明待命。30日，朱德被任命为滇军补充队第4队队长，负责组训新兵，准备讨袁。

1916年1月，袁世凯任命曹锟、张敬尧为川、湘两路征滇军正、副总司令，督率数万大军从湘西、川南向护国军进攻，形势十分危急。6日朱德受命任滇军步兵第10团团长。10天后，蔡锷率护国军第1军向四川进发，朱德所部改编为护国军第1军第3梯团第6支队（相当于团），朱德任支队队长。22日，他率部兼程北上，奔赴四川泸州前线。抵达川南永宁（今叙永）时，战事处于对护国军十分不利的境地。当时张敬尧为解泸州之危，以数倍兵力向纳溪推进，围攻不足5000人的护国军，护国军攻泸之役变为保卫纳溪之战。

正如当时蔡锷在一份文电中所说，纳溪县是主战场，一旦有失，全军即行瓦解。17日朱德抵达纳溪，代替董鸿勋任第2梯团第3支队支队长职。朱德受命于危难之际，即赴主阵地棉花坡指挥反击作战，19日率部由棉花坡向菱角塘进攻。他集中炮兵轰击敌人阵地，并巧妙用夜战、白刃战和迂回侧击战术，击溃菱角塘之敌。随后双方在纳溪、泸州间形成激烈的拉锯战。虽然护国军经 1 个月激战于 3 月 7 日撤出纳溪，但为护国军集中兵力反攻赢得了时间。在这次战斗中，朱德身先士卒，勇敢、坚定、机智，帽子、衣服皆为子弹打穿，但他仍泰然自若。

3 月 17 日，护国军开始全面反攻，朱德率部担任主攻，夺回纳溪。在兰田坝，他运用迂回战术，重创张敬尧部，迫使敌溃退泸州。此后，朱德勇猛善战的名声大振。辛亥革命老人吴玉章曾赞誉说，朱德是护国之役的先锋。泸州兰田坝一战，使张敬尧落马，吴佩孚、曹锟手足失措，袁世凯被迫取消帝制。6 月，朱德率部进驻泸州。此后在泸州的 5 年时间里，她开始了新的探索与追求。

留 洋

　　1923年7月，朱德来到北京。这时，中国共产党已经成立两周年了，他已在中华大地上举起了新的旗帜，给苦难的中国带来了新的希望。朱德和孙炳文从蓬勃兴起的工人运动中，认识到共产党代表着中国的未来。他们决定马上找到党的组织，于8月来到上海。

　　8月下旬，朱德和孙炳文找到了共产党的领导人陈独秀，恳切地提出加入中国共产党。但是，陈独秀认为旧军队的将领参加共产党，需要经过长时期的学习和考验，没有接受他们的申请。这令朱德感到失望，但没有动摇他追求真理的信念。他和孙炳文决定，按照原来的计划，到欧洲去，到马克思主义的故乡去。

　　这年9月，朱德和孙炳文从上海启程，乘法国邮船"安吉尔斯"号，驶向茫茫的海洋。他们经过40多天的航行，抵达法国马赛港，从这里换乘火车，来到欧洲最繁华的城市巴黎。当他们听说在欧洲留学的中国进步青年已经成立了一个共产党的团体，这个组织的负责人周恩来正在德国柏林时，便顾不得游览一下巴黎的名胜，乘火车赶往柏林。他们终于找到了中共旅欧组织的负责人周恩来。

1923年11月，经周恩来、张申府介绍，朱德加入了中国共产党。

▲ 1923年，朱德在德国留学时的留影

从此，他成为中国无产阶级先锋队中一名坚定、勇敢的战士，开始了新的革命征程。

朱德在德国学习、生活了将近3年。开始一段时间，为了克服语言上的障碍，他把很多精力用在学习德文和德语会话上，不仅在屋子里学，还天天到外面去应用，到处游览参观，几乎走遍了柏林的每条街道、每个角落。朱德后来回忆说：我"硬是走路，学德文也学得快，认识街道也快"，"几个月后，我的德文程度就可以去买东西、旅行、出街、坐车了"。"我差不多旅行了全部德国，到处去过了"。他还说："那时旅行还多带着军事眼光，一过哪里，就想到这里要是打起仗来，应该怎么办呢？然后在脑筋里就慢慢设法布置起来了。"

1924年春，朱德来到德国中部的大学城哥廷根。经过一段自修，他进入格奥尔格—奥古斯特大学哲学系社会学专业学习。这里有中共旅德支部的党小组，朱德经常参加党小组的活动，和大家一起学习研究《共产党宣言》、《社会主义从空想到科学的发展》、《马克思、恩格斯通信集》、《帝国主义是资本主义的最高阶段》、《唯物史观》、《共产主义ABC》等著作，还经常阅读《向导》、《国际通讯》等党内刊物。通过这些学习，朱德初步获得了马克思主义的基本理论，对中国革命和世界革命的有关问题有了新的认识。

1924年底，朱德根据工作需要返回柏林。这时，中共旅德支部根据国内实行国共合作、建立革命统一战线的指示，在德国留学生中组建国民党旅德支部，朱德还没有公开中共党员的身份，就以老资格国民党员的身份当选为国民党旅德支部组织主任。由于他是老同盟会员、功名赫赫的滇军凤将，在留学生中有相当影响，开展组织工作很顺利，使在德国的国民党左派力量有了迅速发展，形成了国共合作的统一战线。朱德主持创办了一份《明星》报，在留德学生和华侨中宣传新三民主义与国共合作政策，争取持中间立场的人，同右派势力作斗争。

1925年春天,朱德和一些中共党员还参加了德国共产党员领导的红色前线战士同盟举行的阅兵式、野营训练和巷战演习。他从中体会到,革命要取得成功,不仅要有人民的军队,还要有人民的支持。活动期间,他受到德共领袖台尔曼的接见。

6月18日,朱德和房师亮、廖焕星等因参加德共召集的声援中国五卅运动的大会,被德国当局逮捕。他们坐了三天监狱后被释放,但由于发现朱德是中共党员,吊销了他的护照,要把他驱逐出境。正在这时,中共旅莫斯科支部批准朱德赴苏联学习。7月,朱德乘轮船经波罗的海,抵达苏联的列宁格勒。

到苏联去学习,是朱德早已有之的愿望。早在1925年3月,他曾写信给在莫斯科的中国同志,要求去苏联学习军事,受点训练,"归国后即终身为党服务,作军事运动"。他到莫斯科后,在东方劳动者共产主义大学学习了几个月,较为系统地学习了马克思主义理论,如辩证唯物论、唯物史观、政治经济学、中国和世界经济地理。同时,也到一些地方、厂矿参观访问,应邀做宣传中国革命的演讲。他后来回忆说:"在苏联,通过实际的接触,观察世界上的问题,在认识上就比在柏林时更深刻了。同时,对中国的事情看得更清楚了。"

朱德还参加了在莫斯科郊外举办的秘密军事训练班。教官大多是苏联人，朱德担任学生队队长，要协助教官进行军事教程的讲解。他还经常用自己的军事知识和实践经验帮助大家学习使用机关枪、迫击炮等兵器，讲解如何利用地形、地物，如何保存自己、消灭敌人，如何侦察，如何袭击，如何进行街垒战和如何运用游击战术。他特别注意研究苏俄内战时期的游击战术。教官曾问他回国后怎样打仗，他说："部队大有大的打法，小有小的打法。'打得赢就打，打不赢就走'，必要时拖队伍上山。"对朱德的回答，只有所谓正规战争理论的教官不以为然。其实，这是从中国实际出发的极为深刻的军事见解，它的正确性为后来的中国革命游击战争的胜利所证实。

1926年春，中国处在北伐战争的前夕。中共中央根据国内斗争的需要，决定朱德等人回国参加实际工作。5月中旬，朱德离开莫斯科，经西伯利亚漫长的铁路线到海参崴，又乘海轮经日本门司，于7月中旬回到上海。

完成党交给的任务

朱德到达上海时，正值北伐军胜利进军之时。为配合国民革命军北伐，中共中央指示朱德了解上海、南京一带北洋军阀孙传芳的兵力部署情况，朱德通过走访上海、南京的滇军旧友，很快完成了这项调查任务。随后，接受中共中央总书记陈独秀分配的任务，赴四川万县去做争取四川军阀杨森的工作。

8月底，发生了英国商船在长江中疾驶，撞沉杨森军三只木船，使50余名官兵淹死、8万余元军饷沉没的事件。杨森很愤怒。朱德鼓励杨森采取强硬态度，要求英国严惩祸首，赔偿损失，并扣留了在万县的两艘英轮。9月5日，英国军舰炮击万县市区，造成中国军民死伤近千的惨案。朱德和陈毅敦促杨森截击英舰，并拟出通电以杨森名义发向全国，控诉英军的罪行。万县惨案震惊中外，全国掀起了声讨英帝国主义的声势浩大的群众运动，海外华侨和欧洲一些国家及苏联的工人群众

也纷纷声援中国人民的抗英斗争。

10月,北伐军攻占武汉,并向鄂西杨森所部进击。杨森迫于形势,于11月中旬宣布接受国民革命军总司令的委任,就任国民革命军第20军军长,朱德为该军党代表。这期间,朱德曾去重庆,和杨闇公、刘伯承三人组成中共重庆军委,策划泸州、顺庆起义,推动四川革命形势的发展。

12月底,朱德带领20军的军官考察团赴武汉。在武汉,中共中央军委又交给他一项新的任务:到江西南昌,利用他在滇军的老关系作军事运动。这时,正是蒋介石挑起"迁都之争",擅自决定国民党中央党部和国民政府改迁南昌,以"南昌中央"与武汉中央对立的时候。南昌是蒋介石总司令部的所在地,已成为他勾结国内外反革命势力进行叛变活动的中心。中共中央派朱德到南昌去,负有重要的使命。

当时驻江西的国民革命军第5方面军总指挥朱培德及其下辖的第3军军长王均、第9军军长金汉鼎都是朱德在云南讲武堂时期的同学或滇军的同事,还有些军官是朱德当年的老部下。朱德到南昌后,即被朱培德任命为国民革命军第5方面军总参议、第3军军官教育团(即南昌军官教育团)团长,不久,朱德又兼任了南昌市公安局局长。

1927年1月下旬，经过朱德的筹办，第3军军官教育团开学，学员1100多名。在朱德主持下，军官教育团不仅对学员进行军事训练，提高军事素质，更重视对学员进行政治思想教育，教育团里还秘密建立了中共党的支部，在学员中秘密发展党员，达到几百人之多。这样，在朱德领导下的军官教育团，实际上成了中共培养军事人才的基地。

举旗南昌

1927年7月,中共临时中央常务委员会决定发动南昌起义,创建自己的军队,并决定委派中央临时政治局委员周恩来亲自来领导这次起义。

7月27日,周恩来身负重任,不畏难险,来到南昌,落脚在花园二号朱德的寓所里。

对于朱德,周恩来是极其信任并寄予厚望的。他清楚地知道朱德在护国战争中的赫赫战功,也清楚地记得他们在柏林会见的感人场面。今天,要发动武装起义这么一件大事,怎么能少得了这样一位忠诚坚定、勇敢机智而又具有丰富军事斗争经验的朋友呢!

眼下,在南昌,没有谁能比朱德更了解敌人方面的全面情况了。他的公开身份是南昌市公安局长,又是军官教育团团长,驻南昌国民党军队的那些头头脑脑,绝大部分都是他原在滇军工作时的老同事。加上这几天他又有意识地观察了解,把南昌驻军各方面的情况都摸得

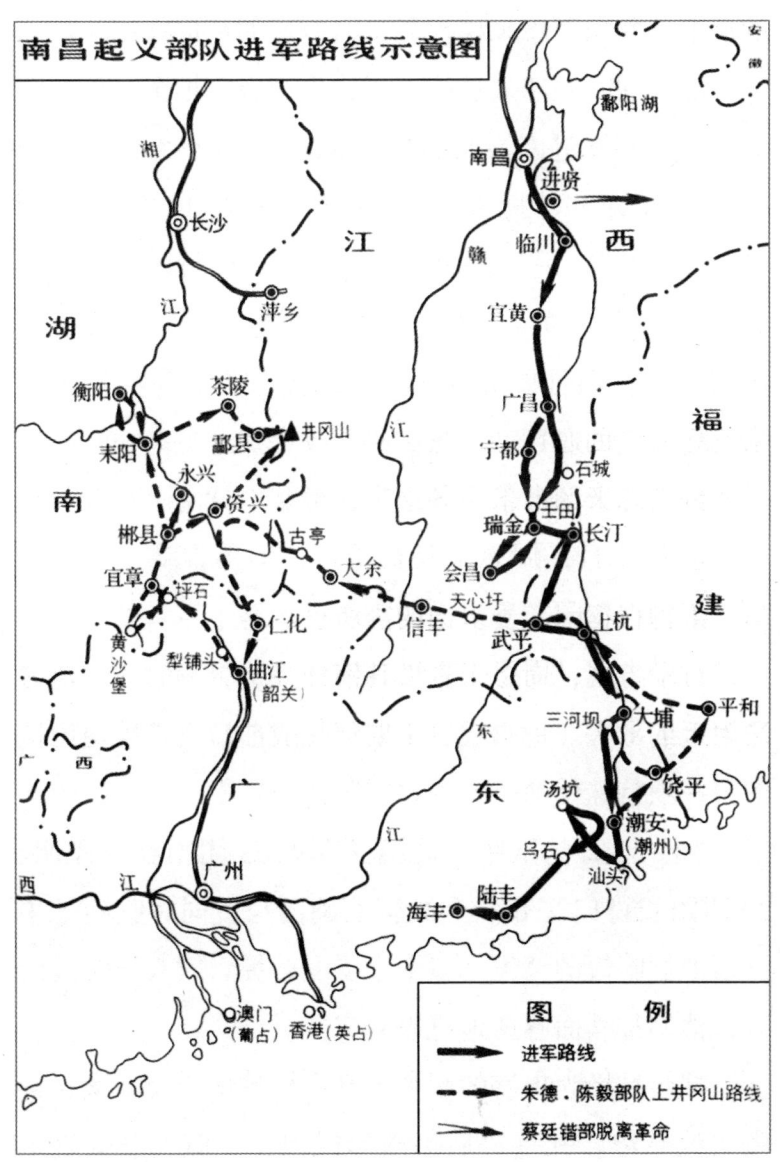

一清二楚。晚上，他把这些情况向周恩来作了详详细细的汇报，并向周恩来建议起义时应该如何进行战斗。

起义的时间越来越临近了，朱德也更忙了。他一方面要和刚刚开进南昌城的起义部队（贺龙率领的国民革命军第20军和叶挺率领的国民革命军第11军第24师等）秘密接头；另一方面还要巧妙地去应付国民党军队和地方反动当局各方面的人物。他要在不同场合扮演不同角色，而且要演得生动、逼真，不容易啊！可是朱德凭着他的聪颖和机敏，很好地完成了任务。

经过几天的准备，各项工作都基本就绪了，各起义部队也有了明确的分工。

朱德根据前敌委员会的决定，部署了军官教育团起义的行动方案，命令军官教育团在战斗打响时，迅速解决附近的敌人。他自己，则要去完成前敌委员会交给他的另一项特殊使命——"请客"。

7月31日的下午，国民党军第23团团长卢泽明、24团团长肖曰文和一个姓蒋的副团长，同时收到了朱德请他们吃饭的请柬。三个人受宠若惊，欣喜异常。傍晚，他们都满面春风地赶来赴宴了。

宴会是极为丰盛的，主人又那样热情豪爽，大家越喝兴致越浓。九点过后，酒醉饭饱了。但大家兴犹未尽，朱德又提议打麻将，于是一场"竹战"又开始了。

就在他们"竹战"正酣的时候，外面一场真枪实弹的战斗正在加紧准备着。城里已经戒严，起义军总指挥部已经下达了"河山统一"的特殊口令。埋伏在各指定地点的起义军战士们，已把白毛巾缠在左臂上，电筒上贴上红十字条，快刀拔出皮鞘，子弹压进枪膛……

大约10点钟，20军的一个副营长突然风风火火地跑进来报告说，他已接到命令，要他立即解除自己所辖地区滇军的武装，他不知道这件事该怎么办。

敌人的三个团长一听，慌了，急着要回部队去。朱德看这情势，担心再死乞白赖地拖住他们会使他们生疑，便客客气气地放他们走了。

等这三个家伙一走出院门，朱德便抓起手枪，旋风般地跃出大门，向起义军指挥部跑去。他向指挥部报告说："起义的消息已经泄露，不能再等了，要赶快动手！"

8月1日3时，起义的枪声打响了。起义军战士们从各个地区向预定目标发起了猛烈的攻击。敌23、24两个主力团由于团长去赴宴还没回来，失去指挥，结果很快就被消灭了。其他的敌军也因毫无戒备，成批地作了起义军的俘虏。军官教育团按照朱德的部署也投入了搜索敌人的战斗。

经过4个多小时的战斗，敌军3000多人被全部歼

灭了。起义军指挥部的大楼上升起了一面鲜艳的红旗，它象征着南昌起义的胜利，也宣告了人民军队的诞生。

在起义的整个过程中，朱德不仅为起义军提供了许多重要情况，起到了里应外合的作用，而且利用他特殊的身份和条件，麻痹和牵制了敌人的指挥官，为起义军顺利消灭敌人创造了极为有利的条件。

起义胜利后不久，朱德看到国民党的一家报纸大声惊呼："民国十六年，朱德叛变于南昌。"他哈哈大笑地说："什么叛变？我本来就是共产党的人嘛——这一群笨驴！"

参加起义的部队在胜利后进行了整编，仍沿用国民革命军第二方面军的番号，下辖第20军、第11军和第9军，朱德被任命为第9军副军长，由于军长未到职，不久即任军长。

南下首克钱大钧

南昌起义胜利后,前敌委员会决定,起义军立即撤离南昌,经瑞金、寻乌、梅县直取东江。1927年8月3日,朱德率先头部队第9军从南昌出发。

8月27日,起义军到达瑞金后,发现敌人有11个团的兵力在会昌一带集结,并在会昌城周围构筑了环形工事,企图阻止我军南进。前委决定:全力消灭会昌之敌。

前委对攻打会昌的整个部署是:以叶挺指挥的第11军第24、25两个师为主力,经洛口向西北之敌进攻;朱德指挥第20军第3师教导团和第6团向会昌东北方向助攻;贺龙率领第20军的主力作为总预备队,陈兵瑞金附近,策应支援各方。

会昌城东北是一片绵亘不绝的高地,构成了会昌城的天然屏障。敌人派有重兵扼守这一带山头。朱德根据地形,命令第6团从绵水河边向西约两千米宽的正面展

开，右侧是教导团的阵地，中间有一座古塔作为两个团阵地的分界线。

30日早晨，朱德亲自到古塔左边一个高地上观察敌情。这时晨雾已散，红日高升，山下的景物清晰可辨。朱德透过望远镜发现敌人阵地上人来人往，好像正在集合。他低头看了看表，总攻的时间已到，便回头对第6团团长傅维钰说："这么好的目标，为什么不打呀？！"

"哒哒哒……"几挺重机枪同时向敌人的阵地扫去，会昌战役就这样开始了。

敌人显然也是有准备了，这边的枪声一响，敌人便以猛烈的火力开始还击，并且调其他阵地上的敌人向6团阵地压过来。战斗打得极为惨烈，阵地上到处是爆炸的烟尘。6团虽然组建还不到两个月，但战士们个个英勇顽强地战斗，顶住了数倍于己的敌人。

半个钟头过去了，一个钟头又过去了……会昌西北方向总也听不见进攻的枪声。那里是叶挺指挥的主攻部队呀，怎么不见动静呢？（后来才知道，那是因为有一支部队走错了路，没有按时赶到，贻误了进攻的时间）朱德开始有些焦急。但旋即又想，能把敌人都吸引到这边来，减轻其他阵地的压力，也是好事。都是起义军嘛，应该以大局为重。他鼓励战士们说："我们这边吃力些，把敌人背到身上，右纵队那边就好办了！"

敌人仗着人多势众，更加疯狂了。他们在强大火力的掩护下，交替前进，越来越逼近6团的阵地。傅维钰团长很担心朱德的安全，便跑过来说："朱军长，敌人眼看就冲过来了，请你转移一下吧。"

朱德同志袖子一卷，不慌不忙地说："没什么，来了就打。在这种时候，指挥员的沉着冷静最重要！"说完，他弯腰拾起一支步枪，"哗"的一声把子弹推上膛，和战士们卧在一起，对准敌人射击起来。

朱军长临危不惧、沉着冷静的行动，给了战士们极大的鼓舞。"朱军长也在这里战斗嘛，我们还有什么好怕的！"战士们的心稳了下来。

就在这时候，通讯员接二连三地跑来报告："师参谋处长袁仲贤同志负伤！""师军需主任蒋作舟同志牺牲！"……

朱军长一边向敌人射击，一边听着这些报告，心里不免有些焦急。他大声地命令通讯员们："不要再来报告了，不管有多大的牺牲，也要坚决把敌人打下去！"说罢，他"呼"地站起来，高举步枪，大声呼喊："冲啊！同志们！"

整个阵地都沸腾起来了。战士们从地上跃起来，像一阵旋风似地向敌人扑了过去。敌人吓蒙了，立刻掉头向后方狼狈逃窜。

6团的阵地暂时稳定下来了,可右邻教导团阵地上的枪声正紧。朱德不放心,便对傅维钰团长说:"你们钉在这里,无论如何要顶住,决不能后退一步,我到教导团那边去看看!"

教导团阵地上,情况也相当危急。由于敌人的火力很猛,部队的伤亡很大,全团仍在坚持战斗的人员已经不多了。就在这万分危急的时刻,朱德冒着弹雨到来了。战士们一看见朱军长,身上顿时增添了无穷的力量。有很多战士重新回到阵地上去同敌人战斗,也有很多轻伤员撕掉急救包重新拿起了武器。这时候,只见朱军长纵身跳进战壕里,大声鼓励战士们说:"同志们,不要怕,叶挺军长那边已经打响了,敌人很快就会被我们包围的。我们一定要坚持住!坚持就是胜利!"

说话间,战士们听见会昌西北方向果然已响起了激烈的枪声,这说明叶挺指挥的24师、25师也已投入了战斗。寨崇方向的枪声也很密,这说明75团和73团也已向敌人展开了攻击。战士们意识到,这是全面总攻开始了,于是群情激奋,一个个像小老虎似地向敌人压了过去。

敌人终于不支,全线崩溃了。敌南路总指挥钱大钧不得不率残部仓皇向南逃去。

打垮了钱大钧,起义军又继续前进了。

血战三河坝

起义军占领会昌后,追敌至筠门岭,于1927年9月3日折返瑞金县城,稍作休整。经过1个月的艰苦转战,起义军减员近1万人。

在这重要的时刻,中共前敌委员会和参谋团分析了敌我情况,决定起义军分兵南进,以朱德所率的第25师进至广东省大埔县三河坝,监视梅县之敌;以起义军主力夺取广东省潮州、汕头两市,再经揭阳出兴宁、五华,取惠州。

9月10日,起义军由瑞金抵达福建省长汀县城。朱德仍率部担负艰巨的先遣任务,提前赶到了长汀。他颇有远见卓识,事先主动与当地党组织负责人罗化成等取得了联系,及早安排了起义军进城后的宿营、粮秣等事宜,并找该县福音医院卫生部副部长。副部长提前得到了地下党组织的通知,要接收一批起义军伤病员,所以早已做好各项准备工作。起义军主力开进长汀县城当

▲ 三河坝战斗时朱德指挥部所在地田氏宗祠

天，全县人民群众夹道热烈欢迎。身患重病的第20军第3师政治部主任徐特立，以及前不久在会昌战役中负重伤的第20军第3师第6团第1营营长陈赓等300多名起义军伤病员，一一被妥善安排，住进福音医院。那时候，县城的小医院里护理人员是很少的。朱德立即动员了一些进步教师和学生，给伤病员洗伤口、上药，喂水喂饭。9月19日，朱德按照中共前敌委员会决定的计划，率第11军第25师和第9军一部，经福建省上杭，进守广东省大埔县三河坝，准备对付从梅县向起义军主力进攻之敌。

三河坝位于梅江、韩江、汀江的汇合口，其中心点是汇城。在起义军到汇城之前，中共广东省大埔县委已拨200多支枪，武装了当地农民自卫队，当地群众积极出人筹物支援起义军，经常派人穿着便衣到梅县、松口一带协助起义军侦察敌情。9月下旬的一天，从松口返回汇城的侦察员报告说,在会昌遭起义军痛击的敌钱大钧部,又纠集两个师近2万兵力,企图进犯三河坝。

朱德得悉后,立刻赶到韩江边仔细观察地形,随后马上在河滩上的一片矮树林里,召集起义军官兵,进行扼守三河坝,保障起义军主力南进的战斗动员。他指出,如果我们坚守汇城,将会形成背水作战的局面,这是用兵之大忌;不如东渡韩江到东岸,先占领笔支尾山、龙虎坑、石子、大麻、连圹一带有利地形,构筑工事,作好充分准备,打有准备之主动仗,痛击来犯之敌。会后,他连夜率部东渡韩江,首先占据与汇城隔江相望的笔支尾山,在这主阵地上抓紧构筑工事,并把江面上所有的船只,动员集中到韩江东岸,同时派出侦察员严密监视敌人动向。

果然不出所料,敌人进占汇城后,不敢贸然渡江,便在韩江西岸的旧寨、南门坪一带挖战壕,以断墙残壁为掩体,架起了几十挺机枪,与起义军隔江对峙。10月2日,敌军从松口抢来7艘民船,在机枪火力掩护下强渡韩江。朱德率领起义军官兵沉着隐蔽地坚守在笔支尾山主阵地的战壕里,严密注视着朝东岸迫近的敌船。当敌船快靠岸时,他一声令下:"打!"霎时,子弹像一阵飓风卷向敌船,船上敌人被打得倒在船舱里,掉落在韩江中。3艘敌船当即被子弹击漏下沉,其他4艘敌

船空舟无人，随激流顺江飘去。敌人的第一次强渡被打退了。晚上，敌人又调集了二三十艘船发动了第二次强渡。当敌船靠岸、敌人步入沙滩之际，朱德即指挥起义军战士冲杀上去，与敌人进行拼杀搏斗，将300多个敌人全部歼灭。

10月3日早晨，江面浓雾弥漫，朱德到滩头阵地仔细观察了天象和地形，果断下令起义军立即撤出近滩头阵地，退守山地，准备迎击敌人。不久，敌人果然凭借江面弥漫的大雾，开始发起第三次强渡。由于江面上能见度差，待起义军发觉来袭之敌时，有些敌船已停靠东岸，越过沙滩，正朝守卫在笔支尾山的起义军迫进。朱德沉着地指挥着起义军官兵，一面集中火力反击向笔支尾山进攻的敌人，一面组织部分起义军战士抄侧路迅速插到隐蔽的山脚下，用火力封锁江面，阻击正在强渡的敌人。战斗越来越激烈，从黎明一直打到黄昏，笔支尾山主阵地仍在我手中，敌人已死伤1000余人。这时，起义军也伤亡很大，战士都已经相当疲惫，子弹也快打光了，而且同远在汤坑与敌作战的起义军主力部队又失掉了联系。在敌众我寡、孤军作战的情况下，为保存实力，与敌激战3天3夜后，6日清晨，朱德率部撤离笔支尾山主阵地，退出三河坝，南下接应在潮汕地区与敌作战的起义军主力部队。当部队抵达饶平县城附近时，与从潮汕地区撤退下来的起义部队200来人相遇,方知主力部队9月28日在汤坑县东南的白石与敌李济深之东路军遭遇,激战3天后起义军主力余部,在流沙(今普宁)同由汕头撤退的革命委员会会合,继续向海丰、陆丰地区撤退。在流沙县西南的葵泽附近,又被敌军截为两段,队伍大部溃散,革命委员会和起义军负责人分散转移。这时,起义军主力只剩下1200余人,进入海陆丰地区后,加入了东江地区的革命队伍。

"要革命的跟我走"

起义军在敌我力量悬殊的态势下，英勇顽强战斗了两个多月。由三河坝和潮汕地区撤退下来的起义军在饶平县城附近会合后，已不足2000人。部队往何处去？要不要坚持斗争？怎样坚持斗争？朱德与陈毅等人反复思考着并进行了研究。

1927年10月7日，在广东省饶平县茂芝召开了起义军干部会议。经过全面分析研究，决定尽快与上级取得联系，尽全力保存这支部队，带领这支部队向东北方向沿深山老林穿插出去，沿闽粤赣边境隐蔽前进，找个立足点。会后，朱德率部，由当地党组织派人引路，艰苦转战，先后经广东省的大埔、蕉岭，以及福建省的峰市，于10月16日抵达福建省武平县。

朱德指挥所部与当地钟绍奎土匪部队交锋，接着又击退尾追之敌钱大钧1个师，然后从武平向西北方向转移。当起义军到达地势险峻的石迳岭时，又遭敌阻击。

这时候，朱德义无反顾，机敏沉着，率领警卫人员攀登悬崖，出其不意地在敌人侧后发起攻击，又一次击溃了阻击的敌人，随即指挥起义军通过隘口，进入赣南山区隐蔽疾进，竭力摆脱敌人的追击。但是不久，起义军西进的行动又被敌人发觉，敌第18师又掉转矛头，紧紧尾追上来。一支孤军，一无供给，二无援兵，到处都是敌人，今后怎么办？往哪里去？一时干部、战士的思想很混乱，感到革命前途渺茫。许多人悲观失望了，离队的越来越多，建制也松散了。

朱德在处境十分艰难的情况下，为了保存这支部队，仍坚定革命必胜信念，下定只要还有一个人就一定坚持斗争的决心，不论部队面临多大的困难，总是苦口婆心地对官兵进行政治思想工作，每天照常行军。

朱德、陈毅率领这支经过血与火的洗礼和生活极度困难的考验而保存下来的南昌起义部队，穿越赣南崇山峻岭向湘南艰苦地行进着。朱德一直穿插在行军行列中，肩上扛着动摇的人扔下的步枪，有时还搀扶着伤病员，一面走一面给战士讲革命道理，指出革命前程；有时又指挥部队同尾追和阻击的敌人进行战斗；有时又要组织宣传群众，和当地党组织取得联系，筹备粮饷。在起义军途经信丰时，朱德曾和中共信（丰）、定（南）、安（远）中心县委书记郭一清取得了联系，商量解决起

义军粮秣给养等问题，临走时还留下8条枪，用以建立信丰县赤卫队。

从南昌起义后南下，历经4个月，行军数千里，艰苦转战闽粤赣，起义军就像一炉熔炼中的矿砂，在革命熔炉中经受了千锤百炼。各种泥沙杂质被淘汰了，每个起义军官兵都受到了一次最严峻的政治考验。1927年10月底，起义军到达赣南大庾县时，虽然只剩下不到900人，但这却是革命队伍的精华骨干。

朱德在回忆艰苦转战闽粤赣这段烽火岁月的情景时，颇有感触地说："我们南昌起义部队当时剩下不到900人，衣服又破烂，身上又脏，人人饿得心发慌，可是个个顽强战斗，都是钢铁汉、硬骨头，没有被困难吓倒……"他曾说："原来想，有两百人能同生共存，就能胜利。现在有好几百人，我完全相信，任何帝国主义和军阀决不可能消灭我们！相反，只要我们人民团结起来，就一定可以打败强大的反动派！"这豪言壮语，早已成为现实。他坚定的革命信念，不但在当时极大鼓舞着广大起义军官兵战胜艰难险阻，而且一直激励着革命后代为振兴中华、保卫祖国而英勇奋斗，不断前进！

重整旗鼓

1927年11月初,起义部队面临重重困难。然而,朱德和陈毅决心重整旗鼓,与反动军队继续战斗。他们领导南昌起义所保存下来的部队,在赣南大庾县进行整编。他俩分工合作,相得益彰。陈毅主持整顿共产党、共产主义青年团组织,重新登记党、团员,成立党、团支部,并把一部分党、团员分配到各个连队中去,加强党在基层的政治思想工作。同时,把起义部队整编为1个纵队,下辖3个支队,支队以下是大队。全纵队还成立了1个机炮大队和1个特务大队。部队采用"国民革命军第5纵队"番号,朱德化名为王楷,任纵队司令员,陈毅任纵队指导员兼党代表,王尔琢任纵队参谋长。大庾整编后,官兵思想情绪日趋稳定。

寒冬之际,枪炮声突然又起,但不是敌我之战。不出朱德所料,粤、桂、湘军阀都卷入军阀混战之中,无暇追击起义部队了。

朱德在天心圩所作的军阀之间必然要相互斗争的预言得到了证实，从而也更加坚定了起义部队官兵跟随朱德"打游击"的决心。11月上旬，朱德乘此机会，率部开赴湘、粤、赣三省交界处赣南崇义县的上堡、文英、古亭一带山区，一面开展游击战，一面对部队进行军政整训，以更好地实现部队从正规战转向游击战、从城市转向农村这一伟大战略转变。在军政训练中，每隔一两天上一次大课，小课天天上。

朱德在给大家上军事课时，提出自己在苏联学习军事时曾主张的新游击战战术。他强调指出，现在作战环境变了，是在山区和农村同强大的敌人作战，应从打大仗转为打小仗，从打硬仗转为打有把握之仗，没有把握取胜的仗不打。在战斗队形方面，他提出应由正规战常采用的一字散兵线形，改为适宜游击战采用的"人"字散兵线或弧形散兵线，构成交叉火网，以有效地发挥火力。在军政整训期间，他还实行部队以连为单位分兵活动，帮助群众冬耕冬种，组织宣传群众，打土豪、分财物，收缴地主和土匪的枪支弹药，武装当地农民赤卫队。这样，不仅部分解决了起义军的给养，而且进一步发动了群众，取得了群众的支持和配合，使部队暂时有了立足之地，南下以来第一次获得比较稳定的环境，部队得到了短暂的休整。

▲ 湘南暴动指挥部旧址

进行军政整训期间,朱德与从井冈山下来、曾在遂川县大汾遭敌袭击的工农革命军第1军第1师第1团第3营取得了联系,并帮助这个营进行军政整训。朱德通过找该营营长张子清、副营长伍中豪详细了解情况,得知毛泽东所率领的湘赣边界秋收起义部队已在10月上了井冈山。于是,立即派原在南昌起义部队第25师政治部工作的毛泽东的胞弟——毛泽覃上井冈山与毛泽东取得联系。毛泽覃从湖南省资兴经茶陵到宁冈,会见了胞兄毛泽东,详细介绍了朱德及其所部情况。毛泽东很高兴,立即派工农革命军第1军第1师第1团卫生队党代表何长工下井冈山找朱德联系,商定如何带起义部队上井冈山。起义军指战员们得此喜讯后,受到了很大鼓舞，斗志更坚定了。

为了保存革命力量，解决部队给养，渡过难关，重整旗鼓，扩大、巩固革命队伍，朱德与陈毅、王尔琢等商量后，将革命的原则性和斗争策略的灵活性巧妙结合起来，决定利用国民革命军第16军军长范石生与蒋粤军阀的矛盾，在保持我军政治上独立和原建制不变，对我军内部组织和训练工作不干涉的前提下，与范部建立反蒋统一战线。于是，朱德便给范写信，动员他一起反蒋。

范石生和朱德是云南陆军讲武堂的同期同学，曾经有过深厚的友谊，后来又一起参加辛亥革命和护国战争，都是当年滇军中的名将。北伐战争时，范任国民革命军第16军军长，驻防广东省韶关和湖南省汝城一带，周恩来曾委托在黄埔军校工作的共产党员王德三，派了一部分共产党员去第16军组建政治部，并建立了党组织。以后，我党同范石生建立了统一战线关系。

1927年8月，蒋介石曾任命范石生为左路总指挥，令他堵截南昌起义南下的部队，但范一直按兵不动。10月，范石生又得悉南昌起义南下部队在潮汕失利，十分关切这支部队的动向。正好这时收到朱德的信，便立即密派共产党员韦伯翠，到崇义县上堡找到了朱德，转达了范很愿意与朱德接触和谈判的意图。

11月20日，朱德率学生队五六十人去湖南省汝城同范石生谈判。途经汝城县壕头圩时，在一座礼堂里住宿，半夜突然被当地土匪何其朗部包围。匪兵冲进礼堂，朱德沉着指挥大家突围。当时他的衣着和大家一样，十分破旧，满腮留着黑胡子，匪兵在夜间分不清谁是官。朱德急中生智，随手拿起伙夫的围裙系在腰间就往外冲，几个匪兵忙冲过来堵住他问："你是什么人？"

朱德不慌不忙回答说："我是伙夫头。"匪兵接着又问："你们的司令住在哪里？"朱德故意指着后面的空房子说："就住院那边！"匪兵仔细看了看朱德，信以为真，便急匆匆往后屋跑去。由于礼堂门口有许多匪兵把守，朱德便趁机迅速折回厨房，敏捷地从后窗跳出，脱离了险境。突围的学生队发现朱德不在，以为被土匪抓走，当即向土匪反击。土匪摸不清底细，吓得像一群吃惊的狗，夹着尾巴四处慌忙逃窜。在追击土匪中，学生队才与朱德会合。这时，天已麻麻亮，朱德便又率学生队赶往汝城县城。

朱德到了汝城县城后，先和范部第47师师长曾日唯进行了两天谈判，达成了协议，同意朱德提出的条件：朱德所部一切行动听共产党调动；补充给起义军部队的物资由朱德支配；起义部队如何组织，训练工作如何进行，由朱德决定，别人不得干涉；朱德所部番号改

为国民革命军第16军第47师第140团，朱德化名王楷，任第16军总参议、第47师副师长兼第140团团长。

谈判结束后，范石生特地赴汝城县城，在城外储能小学的教室里，召开了尉级以上军官会议，介绍与会军官同朱德见面，并要求其全体军官遵守协议，遵从朱德总参议的指挥。会后，迅速供应朱德所部一批现款、弹药、冬衣、被服等物资。不久，通过会谈又达成协议，将井冈山下来的工农革命军第1师第1团第3营，改称国民革命军第16军第47师第141团，由张子清任团长；1927年秋由汝城、宜章起义农民组成的工农革命军第2师第1团共200余人，通过范部中共地下党员韦昌义介绍，与朱德取得联系，将其改称国民革命军第16军特务营，原第1团团长何举成任营长。他们都先后得到范部所提供的军需给养。朱德为了便于统一领导下属的第140团、第141团和特务营这3支革命武装力量的行动，成立了中共第16军军委，由陈毅任书记。

朱德的这一步棋走得好，统战工作取得显著的实效。隆冬虽然寒冷，队伍却较前强大了。

寻找毛泽东

朱德、陈毅已经知道毛泽东等在井冈山上树起红旗,建立了革命根据地,并派人来寻找南昌起义部队。他们早也盼、晚也盼,急切地期望着见到毛泽东派来的代表。

有一天,朱德正在同湘南、乐昌各地党组织派来的代表聚精会神地研究进军湘南的计划,从井冈山下来专门找朱德联络的何长工来到犁铺头。他是在韶关澡堂洗澡时,从第16军军官谈话中听到南昌起义部队下落的。第二天一早,何长工找到第140团团部。

朱德听说这位陌生客人是井冈山上的毛泽东派来的何长工,便笑吟吟地箭步上前,紧紧握住亲人的手,高兴地说:"这下子太好了,我们现在正在研究先进取湘南再上井冈山的计划呢!"接着,他便详细地询问了毛泽东所率工农革命军在井冈山斗争的情况,并具体地介绍了起义部队今后的行动计划,还转告何长工,从井冈

山下来由张子清、伍中豪所率的第3营，也暂用第16军第141团的番号，从范石生那里弄到军饷和一批弹药，已安排先行脱离范部由茶陵返井冈山。朱德和何长工亲切交谈了一个通宵，意犹未尽，似乎还有许多话要说。第二天，何长工临行前，朱德给他一些银元作路费，并一再叮嘱道："请赶快返回井冈山和毛泽东同志联系，我们正在策划湘南起义，重整旗鼓后，马上奔向井冈山。"

朱德所率领的这支保存下来的南昌起义部队，以国民革命军第16军的名义作掩护，进行着湘南起义的各项准备。国民党广东省政府在查追南昌起义部队下落中，发觉朱德所率的起义部队隐蔽在范石生部队里，密令范石生解决这支革命武装，并逮捕朱德。但是，范石生不忘与朱德的旧谊，秘密通知朱德及早撤离。这时，朱德也接到中共广东省委通知，要他马上率部脱离范部，到广东省东江地区海丰、陆丰县境和广州起义军余部会合。于是，朱德立即派人送信给驻防在广东省乐昌县境的第16军特务营营长何举成，要他火速率部脱离第16军。由于何举成行动迟缓，该营被敌缴械，何举成不幸在战斗中牺牲。同时朱德也在积极筹划撤离第16军，并立即给范石生写信，希望他革命到底。范石生火速给朱德回信说，"为了避免部队遭受损失，你们不要走大路，要走小路，最后胜利是你们的，现在我是爱莫能助"，并赠送朱德一批银元作军饷。

时光易逝，转瞬之间，1928年元旦已过。不久，朱德精心谋划，以"野外演习"为名，率部撤离犁铺头北上，准备折向东江地区。撤离时，朱德还动员范石生部三四百人，脱离第16军随他出发。有一天行军中，正下着大雨，朱德得知附近有敌方一个军火仓库，便突然下令紧急集合，进行战斗动员和部署，命令砍倒沿路电线杆，割断电话线，派人奇袭敌军火仓库。战斗不到1个小时，缴获10多担子弹，然后率部向仁化疾进。部队抵达仁化县鸡笼附近，发现国民党军第33军军长方鼎英部正沿着浈月开往南雄，堵住去路。朱德全面分析敌方情况后，果断决定率部折回北进，按照他原来设想过的计划，去湘南找一块地方，建立革命根据地，然后上井冈山与毛泽东会合。

开国元帅 朱 德

智取宜章

南昌起义部队正向湘南行进中，朱德想起前不久在犁铺头整训时，中共宜章县委书记胡世俭带着胡少海曾前来秘密联系，准备在宜章组织农民进行年关暴动，于是率部先到宜章县莽山洞。部队安排宿营后，朱德立即与中共湘南特委和宜章县委取得联系，在听了县委书记胡世俭的情况介绍后，朱德提出了智取方案，即利用胡少海的身份和社会地位出面活动。

胡少海家是宜章县有名的大地主，父兄都是地主豪绅，而他很早就背叛了地主家庭，投身于革命。他北伐时曾在国民革命军第6军任营长，大革命失败后潜入粤北、湘南边境，同当地工农革命武装和宜章县暂时分散秘密活动的共产党领导人高静山、杨子达、毛文科等取得联系，进行革命活动。这时其真实身份尚未暴露。党组织经过认真研究，采纳了朱德的方案，由胡少海以范石生第16军第47师第140团副团长和团长王楷（即朱德的化名）的名义，写信给国民党宜章县县长杨孝斌，说要奉命率部开进宜章县城驻防，维护地方安全。伪县长接到信很高兴，立即给胡少海回信，欢迎胡团副回老家驻防。

1928年1月11日，胡少海率两个连先行开进宜章县城，当地官吏豪绅在杨孝斌率领下夹道欢迎。当晚，朱德率主力浩浩荡荡开往宜章，驻扎在宜章县城附近一个山坳上。次日，胡少海按原计划，发出请帖，在县咨议局摆下酒席，宴请"桑梓父老"，拟"共议剿匪灭共，保护乡里之大计"。伪县长杨孝斌等豪绅要员共20多人欣然赴宴。这时，李广洪率领中共宜章县委成员和部分农民武装骨干，化装成商客、小贩，先行进了县城，朱德随即率部悄悄地包围了伪县政府和反动团防局所在地"养正书院"，并在城里各个要道路口布设了岗哨。

在宴会上，待酒至数巡，胡少海起身把酒杯一摔，掏出驳壳枪，纵身站在门口，啪！啪！啪！朝门外放了三枪，几十名荷枪实弹的战士突然冲进宴会厅，每人都把枪口对准一员官吏、豪绅。这时候，胡少海厉声对赴宴的豪绅说："我们是共产党领导的工农革命军，你们这些反动家伙，摧残革命，屠杀工农，十恶不赦，是人民的罪人，我现在代表人民宣布：你们被逮捕了！"说完，战士们马上把这些官吏、豪绅关押在一间房子里。

几乎在同一时间，一听得宴会厅发出的三声枪响，朱德率部打起预先准备好、绣有斧头镰刀和"中国工农革命军第一师"番号的大红旗，分头冲杀上去，立时缴了团防局的枪，砸开监狱，释放了被捕的共产党员和革命群众，并打开地主豪绅的粮仓和库房，把缴获的粮食、衣物、食品分给当地穷苦群众。

1月13日上午，天空晴朗，宜章县沸腾了。这时，在宜章县城西门外广场上，召开了五六千人的群众大会，公审和处决了一批罪大恶极的土豪劣绅，到会群众和战士们情绪激昂，个个拍手称快。朱德在会上讲了话，他高兴地说："同志们！农友们！我们是共产党领导的中国工农革命军，是为工农打天下的工农革命军队。我们支持大家组织起来闹革命，工农只有自己掌握武装，彻底打倒反动派，实行耕者有其田，才能翻身得解放！"会后，朱德立刻会见宜章县和从石、赤石、笆篱堡等地赶来的中共地方党组织的负责人，研究部署全县各区、乡抓紧建立工会、农会、妇女会、学生会等革命群众组织和苏维埃政府，开展打土豪分田地的斗争。智取宜章后，南昌起义部队正式改称为中国工农革命军第1师，朱德任师长，陈毅任党代表，王尔琢任参谋长。他们打响了湘南起义第一枪，从此把工农革命军与湘南工农运动结合了起来，为走武装夺取政权的道路创造了良好开端。

点燃湘南起义烈火

1928年2月2日,中共临时中央政治局常委会决定,赞同朱德策动湘南起义的计划,认为朱德已抵湘南,打开了局面,不必回广东省东江地区。决定传达后,更加坚定了朱德在湘南建立革命根据地,重整旗鼓大战湘南的信心和决心。坪石大捷后,朱德率部重占宜章县城,把缴获的武器配发给宜章农军,并将宜章农军扩编为中国工农革命军第3师,胡少海任师长。在宜章起义和坪石大捷的影响下,湘南各地工农群众纷纷武装起义。为支援湘南各县正在蓬勃发展的工农武装起义,朱德率部挥师北上,开往湘南重镇郴州。

湘南大地上一片绿野,春风迎面吹拂。2月3日,工农革命军广大指战员斗志昂扬,迈开步伐,很快到达郴州良田。朱德通过当地党组织摸清了敌情,原来郴州县城南面门户大福桥的敌军,是国民党军第35军军长何键部下属的6个连,士兵大多是学生和穷人子弟。于是，他便提出了"打虎牵羊"、攻占郴州县城的作战方案，即对顽敌要当成老虎狠狠打击，对那些学生兵要立足争取教育，可"顺手牵羊"，对不同敌人区别对待，软硬兼施。部署已定，不失战机，迅即实施。

次日，朱德在中共郴州县委和郴州农军的紧密配合下，率部迫近大福桥，与守敌交战。我军首先将敌团长击毙，把守敌6个连的官兵俘虏后，抓紧宣传政策，进行耐心说服教育，大多数被俘人员自愿参加了工农革命军。郴州县城守敌5个连见大福桥守军败北，便纷纷逃窜。朱德率部乘胜追击，迅速占领了郴州县城。他随即帮助恢复中共郴州县委，并成立郴州县苏维埃政府和县工会、县农会、县女子联合会，在全县轰轰烈烈地开展了"插标分田地"斗争。从此，全县的农民自卫军和工人纠察队这两支地方工农武装合编为中国工农革命军第7师，由邓允庭任师长。

随着湘南工农革命运动的蓬勃兴起，中国工农革命军也不断巩固和发展，至此已发展为3个师。

2月10日，正是农历大年初一。朱德为了不失时机地乘胜前进，夺得进军的主动权，经过动员，毅然率主力部队从郴州出发，继续挥师北上，直取耒阳。同时派出一部分兵力，在当地党组织和农军的积极配合下，先后攻克湘南的永兴、资兴两县。由于中国工农革命军节节胜利，声威远震，湘南人民兴高采烈，土豪劣绅惊恐不安，工农革命军还未攻打耒阳县城，城里的土豪劣绅便纷纷北逃至衡阳，反动的挨户团和民防团也逃的逃，散的散。

2月16日，朱德率主力一举攻克耒阳县城。这天，正是正月初七，春节刚过几天，城里城外，锣鼓喧天，鞭炮齐鸣，比春节还热闹，人民群众成群结队热烈欢迎工农革命军进城。入城后，在城隍庙召开群众大会，朱德在大会上激动地说："蒋介石、李宗仁与汪精卫、唐生智正在进行军阀混战，趁着这些强盗吵嘴打架，互相争地盘，难分难解时，我们发动湘南起义，重整旗鼓，发展工农革命武装。现在，宜章、郴州、永兴、资兴4个县农民武装起义已经取得胜利，今天，我们耒阳农民武装起义也胜利了！"说到这里，会场一片欢腾，群众高兴得跳了起来。会后，部队便分兵活动，发动群众打土豪，"插标分田"，恢复农会组织，并帮助全县18个区建立了苏维埃政府。同时，还将耒阳县原来分散活动的游击小组、游击小队集中起来，增配一些武器，合编为中国工农革命第4师，邝鄘任师长。

光阴似箭，日月如梭。在短短的时间里，朱德率领的工农革命军，连续歼敌克城，革命群众运动的风

暴骤起，威震敌胆。不久，宁汉战争结束，时刻不忘反共的蒋介石急忙电令桂系军阀转兵湘南，镇压共产党员领导的工农革命运动。桂系第19军李宜煊师接蒋介石电令后，火速沿衡（阳）郴（州）公路直扑耒阳。朱德、陈毅、王尔琢和耒阳县委书记邓宗海、县苏维埃主席刘泰，以及军事委员会主席李天柱等，立刻举行紧急军事会议，决定避敌锋芒，保存革命实力，布下"空城计"。

2月26日，朱德率部暂时撤出耒阳县城，分散隐蔽在农村进行游击活动。3月1日，敌李宜煊部一进占耒阳县城，就挨门挨户搜查，却不见工农革命军的人影，气得没办法，只好在第二天分兵十几路，由耒阳县反动豪绅带路，到四周农村进行烧、杀、抢。朱德指挥早已埋伏在深山老林里的工农革命军和赤卫队员，采取夜间四面出击，白天引敌进山，各个歼敌的游击战战术，与敌周旋。

激战3天3夜后，敌人损失惨重，李宜煊颓丧地说："朱德太厉害了，我就是占住了耒阳城，孤军守城，早晚会被朱德吃掉。要它干什么，只好早撤为上计咯！"3月4日，李宜煊便率部弃城往衡阳北逃。朱德随即率部二占耒阳县城。正在这个重要时刻，毛泽东派来接应朱德所部的伍中豪和毛泽覃，率领一个连赶到耒阳参战。朱德得知这个大喜讯，马上和陈毅赶到该连驻地。朱德一见到毛泽覃便亲切地问："毛委员好吗？"毛泽覃高兴地回答说："好！好！毛委员派我们下井冈山来接应你们，他要我向你们问好！向全体工农革命军战士问好！"朱德和陈毅没待毛泽覃把话说完，便异口同声地说："谢谢毛委员！"接着他们亲切交谈起来。朱德、陈毅听了毛泽覃的情况介绍，一股暖流涌上心头，心里激动地默默说："革命的春天来到了！早日上井冈山，两军会合的夙愿终于快实现了！"

朱德领导的中国工农革命军在中共湘南各级党组织和人民群众的积极支持和配合下，重振雄风，大战湘南，点燃的农民起义熊熊烈火，席卷湘南大地。起义风暴势不可挡，在不到两个月时间里，除宜章、郴州、永兴、资兴、耒阳五地农民武装起义获得成功，成立了县苏维埃政府外，临近的桂阳、安仁、常宁、桂东、汝城、衡阳、茶陵、攸县、酃县、临武、嘉禾等11个县，大部分地区或部分地区也相继举行了农民武装起义，建立和发展了农民革命武装。

革命武装力量像雨后春笋，拔地而起，不断巩固、发展、壮大。中国工农革命军除成立了以南昌起义部队为骨干的第1师外，还先后成立了以宜章、郴州、耒阳三县农军为骨干的第3师、第7师、第4师，3月8日

又成立了由宋乔生领导的,以湖南省常宁水口山铅矿起义工人为骨干的中国工农革命军特务营,总人数由原来南昌起义所保存下来的不到 900 人,发展到近 1 万人。

向井冈山转移

朱德、陈毅所领导的南昌起义部队,在极端困难的条件下,紧紧地依靠当地各级党组织和工农群众的支援和配合,将革命武装建设与红色政权建设、工农革命运动密切结合起来,抓住粤桂湘军阀混战的最有利时机,发动了湘南起义。不到两个月,农民武装起义的革命烈火燃遍湘南大地。湘南及临近10多个县,人口约达100万以上的广大地区,相继建立了苏维埃红色政权。党领导的中国工农革命军,在湘南起义中新组建了3个师,两个团,共8000余人。

湘南起义的重大胜利,极大地鼓舞了南方许多地方的工农群众,沉重打击了国民党在该地区的统治,震惊了湘粤两省的敌人,使蒋介石恐慌不安。1928年3月底,粤桂湘军阀混战结束,相互达成暂时妥协,蒋介石乘机指使国民党军出动了7个师的兵力,分南、北、西三路对湘南红色区域和中国工农革命军进行"协剿"。

正在这时，由于中共湖南省委的"左"倾盲动主义，对待敌人的"协剿"采取了"坚壁清野，烧尽郴（州）宜（章）大路两侧5里内民房，不给敌人半点东西"这一"左"的错误行动，损害了人民群众的利益，引起当地群众的极大不满。

3月12日，中共郴州县委在郴州召开群众大会，贯彻中共湖南省委的"左"倾盲动主义决定。朱德闻讯后，立即派1个营赶到郴州，制止和平息这一伤害群众利益的盲目举动，纠正了一些"左"倾错误做法。但湘南仍有许多地区继续执行中共湖南省委的盲动主义决定，引起了广大群众对苏维埃红色政权的不满，也使中国工农革命军在湘南失去了广大群众的信赖，甚至难以立足。

这时，毛泽东派下井冈山来接应朱德所部的毛泽覃、伍中豪，已和朱德、陈毅等接触，井冈山上的工农革命军也已做好欢迎朱德所部上山的各项准备，朱德和陈毅等研究决定，除留下一部分地方武装继续在湘南坚持革命斗争外，中国工农革命军和赤卫队近万人退出湘南，向湘赣边界的井冈山转移。

巍巍井冈山，地处罗霄山脉中段，介于湘赣边界的宁冈、酃县、遂川、永新四县交界处。北麓是宁冈县茅坪，南麓是酃县水口，两地相距90公里，方圆275平方公里，海拔达 1800 多米。山上有茨坪、大井、小井、上井、中井、下井等村落，虽人口不满两千，产谷不足万担，但地势险要，到处是高山峻岭，深山老林，周围有黄洋界、八面山、朱砂冲、桐木岭、双马石五大哨口，进可以攻，退可以守，能打能藏，是开展游击战的理想根据地。

1927 年 9 月下旬，毛泽东率领湘赣边界农民秋收起义保存下来的工农革命武装近 1000 人，到达永新县三湾进行了我军著名的"三湾"改编，建立了工农革命军第 1 军第 1 师第 1 团。同年的金秋 10 月，他率部高举红旗上了井冈山，开创井冈山革命根据地，积极发展工农革命武装。

毛泽东率部上井冈山不久，团结、改造和收编了山上袁文才、王佐两支地方农民武装，编为工农革命军第 1 军第 1 师第 2 团。毛泽东十分关心南昌起义部队转战闽粤赣的情况，上山不久就指派第 1 团卫生队党代表何长工下井冈山，寻找南昌起义部队的下落。

后来，毛泽东先后见到了朱德派上井冈山来联络的胞弟毛泽覃和在犁铺头见到朱德后返回井冈山的何长工，得知朱德急切盼望早日上井冈山，实现两军会合，心里特别高兴。3 月，又得知粤桂湘三省敌人正在策划对湘南进行"协剿"，便立即派毛泽覃和伍中豪率领一

个连去接应朱德所部，并亲自率领一部分工农革命军下山接应。

4月上旬，湘南的中国工农革命军，兵分两路，由湘南向井冈山转移。一路由朱德率领，撤出耒阳，攻占安仁、茶陵等地上井冈山；另一路由陈毅率领，由郴州撤向资兴、彭公庙、中村、水口等地上井冈山。井冈山的工农革命军也是分两路下山到湘南接应，一路由毛泽东率领第1团为左翼，下山后楔入桂东、汝城之间，准备接应朱德所部；另一路由何长工率领第2团为右翼，下山后向彭公庙、资兴前进，准备接应陈毅所部。

4月下旬，毛泽东所率的第1团在由桂东县沙田向汝城进发途中，击溃当地土匪何其朗部后，挥师北上，插到酃县，在城郊接龙桥一带阻截敌人，掩护朱德主力部队向井冈山转移；何长工所率的第2团进抵滁口，与敌人遭遇，激战两天两夜后，转战到资兴，与陈毅所率的湘南农军和地方党政人员会合，经彭公庙一起回到酃县沔渡，与朱德所率的以南昌起义部队为骨干的中国工农革命军主力胜利会合。

朱毛会师

1928年4月25日，朱德、陈毅率部抵达江西宁冈县砻市，住在龙江书院。4月28日，毛泽东率部经沔渡、宁冈县睦村回到砻市。朱德听说毛泽东回到砻市，就急忙出来迎接，我军的两位主要创建人亲切地紧紧握着手，激动得半天说不出话来。毛泽东带着祝贺和亲切口吻对朱德说："上了山就好，这次桂粤湘三省敌人拼命追，也没整倒你们！"朱德激动地说："我们顺利转移，全靠你们的掩护啊！"接着两人进行了长时间亲切交谈，商量成立红4军问题。

后来，根据中共湘南特委的决定，经2军干部会议讨论，确定毛泽东和朱德所率领的这两支革命部队，合编为工农革命军第4军（后改称中国工农红军第4军，简称红4军），朱德任军长，毛泽东任党代表，下辖两个师一个教导大队，第10师师长由朱德兼任，第11师师长由毛泽东兼任，陈毅任教导大队长。不久，红4军

所部改编为6个团，即红28团（由南昌起义部队编成）、红29团（由宜章起义农军编成）、红30团（由郴州起义农军编成）、红31团（由湘赣边界秋收起义部队编成）、红32团（由井冈山袁文才、王佐地方武装部队编成）、红33团（由耒阳起义农军编成），取消师一级建制，由军部直接领导团部，全军万余人，枪2000余支。

5月4日，在砻市召开庆祝两军胜利会师和宣布成立工农革命军第四军大会。这天，晴空万里，山清水秀的砻市披上了节日盛装。战士们在草坪上用门板搭起了主席台，周围有许多红旗，两旁放着许多标语板，上面写着："庆祝两支革命部队胜利会师！""打倒国民党反动派！"一清早，成千上万的人手持小红旗，川流不息地从四面八方涌向会场。会师部队也荷枪整队进入会场。会场上锣鼓喧天。

上午10点，大会在一片鞭炮声和军号声中开始，大会执行主席陈毅首先致开幕词，祝贺两军胜利会师，并宣布红4军的团以上干部名单。接着朱德讲话，他说："我们党领导的这两支革命武装胜利会合，意味着中国革命步入新的起点。今天我们参加会师庆祝大会的同志都很高兴。我们在这里高兴，可是敌人却在那里难过。让敌人心里难过吧！我们不照顾他们的情绪，我们将来还准备消灭他们！现在，我们的力量扩大了，又有井冈山作为革命根据地，就可以不断地打击敌人，不断地发展革命。"朱德在讲话中特别希望两支革命部队会师后加强团结，提高战斗力。最后，他还向群众保证，红军一定保卫红色根据地，坚决保护群众利益。他的讲话博得广大指战员和群众一阵阵热烈的掌声。

　　随后，毛泽东在大会上作了重要讲话，深刻阐明两军胜利会师的伟大意义，正确地乐观地分析了两军胜利会师后的光明前程，生动地讲述了游击战的战略战术；同时，还宣布了红军的"三大任务"和"三大纪律六项注意"。毛泽东的革命韬略，使大家无限敬佩，信心倍增。最后，王尔琢和各方面代表也先后讲了话，祝贺两军胜利会师！庆贺红4军成立！预祝红军多打胜仗，井冈山红旗传遍四方！

粉碎敌人"进剿"

两军会师后不久,驻江西永新的国民党军第27师杨如轩部分兵两路对井冈山发起了"进剿"。朱德带领两个团迎敌,采取声东击西、集中主力歼敌一路的战术,在遂川县黄坳、五斗江打垮杨部一个团,再迅速追击,直扑永新,击溃出城救援的一个团,第一次占领永新县城。

1928年5月中旬,杨如轩又在吉安纠集4个团向永新进攻。朱德和毛泽东率部主动撤出永新,退向宁冈。朱德又率28团等部占领湘赣边界南侧的高陇镇,伺机歼敌。杨如轩不战而重得永新,随即派兵进犯宁冈。朱德得知杨在永新城内兵力空虚,马上率所部奔袭永新,一天急行军130里,在永新城西北草市坳伏击敌人一个团后,出敌不意打进永新城内。这时杨如轩正在司令部驻地听留声机,听说红军来了,仓皇爬城出逃,手被击伤。朱德率部5月19日再占永新城,缴获到大批弹药和银元。敌人对井冈山的"进剿"又被粉碎了。

接连两次胜利,推动了湘赣边界革命形势的发展。5月接中共中央指示,工农革命军第四军改称红军第4军。不久,由湘南农军编成的两个团返回湘南。留在井冈山的部队为4个团,约6000人。朱德和毛泽东总结前几次反敌人"进剿"的经验,提出十六字诀:"敌进我退,敌驻我扰,敌疲我打,敌退我追",这成为中国革命游击战争的基本原则。

"朱德扁担"

1928年是红军在井冈山斗争最艰苦、最困难的时期。

那时候,井冈山四周有国民党反动派军队的重重包围,隔三差五的,动不动就来骚扰一下。

为了保卫这块革命根据地,红军不得不实行高度的机动作战,行军、打仗几乎成了每天的必修课。除了同敌人进行频繁而艰苦的斗争外,红军还要克服物质生活上的许多困难,特别是吃粮的困难。井冈山革命根据地方圆500里(东西宽80里,南北绵延90里),按说地面也不算小了,可这里人口总共不过数千人,年产稻谷不足万担。就这么一点点粮食,不要说供应部队,就连百姓自己糊口都颇感匮乏。可是,不储备足够的粮食,怎么能应付敌人较长时间的围困,确保革命根据地的巩固呢?

为了解决这个问题,这年10月,前委作了一个决定：动员部队掀起一个群众性的挑粮上山运动。

所谓"挑粮上山"，就是到盛产稻米的宁冈县去买粮并把它挑到井冈山上来。具体的挑粮路线是从红4军司令部和直属机关的驻地挑寮村出发，经过黄洋界哨口，到宁冈以东的柏露村去挑，往返一趟60华里，并且一色是凹凸不平的盘山小路。

报名要求参加挑粮的人已经不少了。这天晚饭后，朱德军长来到伙房，找到了司务长老秦，说："我也来报个名，明天参加挑粮！"

老秦正在统计挑粮人数，抬头一看，是军长在说话。他琢磨着："军长已经是四十开外的人了，白天黑夜还要处理那么多军务大事，够累的了，哪能让他再去挑粮？累坏了怎么办？"他灵机一动，便随口回答说："不行啊，军长！我们挑粮队有条规定：40岁以上的人，不收！"

朱军长"嗤"地笑了："你别想蒙我，这规定我怎么不晓得？是你刚刚想出来的吧？如果我没有记错的话，你老秦今年已经41岁了，是不是也不去参加挑粮？"

老秦被问住了，抓耳挠腮地答不上话来。半晌，才笑着说："军长，我不是蒙你，实在是因为你太忙、太累了。全军的担子都压在你身上，已经够呛了，哪能再增加你的负担？再说，你年经大了，山路坑坑洼洼的，

很不好走。挑粮的事，我看你就算了吧。"

"那怎么行？"朱军长摆了摆手，说："我身体挺好，你不用替我担心。军事工作，我可以安排早晚时间去处理，误不了事的。挑粮上山，是前委的决定。我这个当军长的，应该带头执行，绝不该有什么特殊。咱们共产党的干部和旧社会的官老爷可不同。一个共产党员不管他的地位多么高，权力多大，都是人民中间的一分子，应该和群众同甘共苦。当部队靠扁担挑粮吃的时候，我不能光坐着吃现成的；当战士们肩膀上压着扁担的时候，我哪能躲在一边去找清闲？官兵一致，本来就是咱们红军的光荣传统嘛！你说是不是？"

老秦认真地思索着军长所说的每一句话，心里翻滚着狂涛般感情的激流。军长的话说得多么简明而质朴啊，但却又包含着多么深刻的哲理。短短几句话，就把新旧社会的区别、人民军队的本质、党的光荣传统，都说得一清二楚了。

他再也想不出任何阻止军长去挑粮的"理由"了，只好答应说："那好吧，我们挑粮队接收你。不过有一条，你可不能多挑！"

"我会量力而行的。"军长转身回去了。

第二天，三星未落，挑粮队就出发了。朱军长一根扁担，挑着两个大箩筐，走在战士们中间。不熟悉的人，根本分不出谁是军长，谁是战士。

开头的一两天，挑粮进行得蛮顺利。可是到了第三天，朱军长早早起了床，正准备出发，却怎么也找不到扁担了。去问警卫员，警卫员们只说没看见，却不肯卖力去找。他忖度着："这些小鬼们不想让我去挑粮，在跟我耍花招哩。"他一个人默默地出门，找到了军需处处长范树德，对他说："你想办法再给我搞一根粗一点的扁担来，写上我的名字，不然这个抄，那个拿的，到我用的时候又找不见了。"

范树德接受任务后，立即带了一名勤务兵，到张家祠堂附近的一位老大娘家里，花一个铜子买来一根毛竹，回来一劈两半，一半留作自用，一半送给军长，并用毛笔在扁担上写了"朱德扁担，不准乱拿"八个字。

朱军长拿到扁担，又看了看写在上面的八个字，特意冲着几个警卫员高声说："谁要再'偷'我的扁担，我可要批评了。"

警卫员们互相看了看，谁也没敢再说什么。

朱军长魁梧健壮的身影，又出现在挑粮队的行列里。他把一只手搭在扁担的前端，另一只手拉着身后的箩绳，不紧不慢，从容迈步。沉甸甸的担子压在他肩上，只当没事儿似的。有个战士问："你瞧咱们军长，担子一到他的肩上，怎么就显得那么轻？"

"当然啰!"另一个战士回答说:"咱们军长从小受苦,跟咱们一样,也是吃黄连饭、喝栀子水长大的。小时候,他家里穷,四五岁时就上山砍柴,下田劳动,挑担、薅草、插秧、收割,什么活没干过?要论种庄稼,他可是一把好手哩。别看你我都比他年轻好多,要比挑担子,怕都不是他的个儿哩!"

过了斜源村,又上竹窝坳。走在前面的战士们一爬上坳顶,便都放下担子,敞开怀坐下来休息。不一会儿,朱军长也挑着担子上来了。他满脸淌着汗水,上衣已经湿了大半截子。战士们招呼道:"军长,走累了吧,歇一肩!"

"不,不累!俗话说:不怕慢,只怕站;歇一肩,走半天。我这岁数,究竟同你们二十几岁的小伙子们比不得了,还是先慢慢赶路吧。"说着,又稳稳当当,一步一步地向前走去。

从那以后一直到现在,井冈山地区始终流传着一支歌。这支歌,老人传给了儿子,儿子传给了孙子:

> 朱军长挑粮过黄洋坳,
> 毛委员在茨坪日夜操劳,
> 军民团结齐心革命,
> 胜利在望必定牢靠。

"和天下穷人心连心"

1928年夏天,朱军长带领红28团,来到离井冈山革命根据地较远的碧洲村。

把部队安顿下来之后,朱军长就到群众中间去调查访问。这一天,他忽然发现对面山上有烟火,便问老乡:"那是在做什么?"

群众告诉朱军长,由于国民党反动派对井冈山根据地实行军事"围剿"和经济封锁,把老百姓们搞得生计断绝,不少人逃难到山上,搭了个棚,在那里烧炭,靠它糊口。

第二天,朱军长带着警卫员爬上了对面的高山,去看望烧炭的人家。来到一所简陋的茅棚前,朱军长敲门:"有人吗?"

"……"好久好久没有人答话。

"老乡,不要害怕,我们是红军啊!"朱军长又说。

"啊,红军?"茅棚里有人答话了。

过了一会儿，茅棚的门打开了，走出来一位拄着竹杖的老人。他，60开外，衣裳褴褛，两只混浊的眼睛里还闪着怀疑的目光。

"你们真是红军？"

"没错，我们真是红军。"朱军长和蔼地回答说。

"啊！……"老人刚刚感叹了一声，忽然"扑通"一声跌倒在地上。

朱军长和警卫员急忙上前把老人搀扶起来，仔细一看，只见他脸色蜡黄蜡黄的，便问道："老人家，你怎么啦？是病了吗？"

老人摇着头说："不！不！我不是有病，是身上没劲呢。"说着，就在一张竹椅上坐下来，拉着朱军长的手说："红军同志，你不知道哇，国民党反动派这帮家伙狠毒得很哩。他们明抢暗夺，搞得我们家家户户像水洗过一样，揭不开锅。实在是没法子，才不得不逃到这山上来烧炭度日。这还不算，更恶毒的是他们还搞什么封锁，不许运盐。谁要买食盐，抓住就砍脑壳。你想啊，没有盐吃，身上哪来的劲儿？不瞒你说，我老头子已经6个多月没尝过盐味了……"

朱军长听完老人的诉说，心里好难过啊。他想了一下，立刻告诉警卫员："你马上下山，到军需处去领些硝盐来。"

"这可不行，不行啊！"老人连连摆着手说："我知道，你们红军也缺盐呢。我们当老百姓的，苦就苦点，没啥。可你们红军要行军，要打仗啊，身上没劲怎么行？"

朱军长朝警卫员摆了一下头，打发警卫员下山去了。回头又对老人说："老人家，你放心，我们红军有盐吃。敌人不许运盐，我们自己会熬硝盐呢。你把老房基土和锅灶里的土弄一些来，用水泡开，而后把水滤出来，放在锅里一熬，就能熬出硝盐。这种盐，吃着有点苦，可总比没有强啊。"

警卫员的腿脚真快，不一会儿，就拿着一包硝盐回来了。朱军长接过盐，转手交给老人，说："先凑合着吃吧。以后，等我们打了胜仗，弄到了盐，一定给你老人家再送一些来。"

老人手捧硝盐，激动得浑身直哆嗦，眼泪汪汪地说："够了，够了，有这么多了，不要再送了！"

朱军长站起来，向老人告别说："我们还要出发去打仗，时间紧。等有空了，我们再来看望你老人家。"

老人满含热泪，目送朱军长下了山。

几天以后，朱军长的警卫员又一次来到这所茅棚，轻轻地敲响老人的门。老人又惊又喜，问道："你怎么又回来了？"

警卫员顺手递过来一个大纸包,说:"老人家,朱军长派我给你送些盐来。"

老人接过这一大包食盐,感动得不行。但他怀疑是不是自己的耳朵听错了,反问警卫员:"这盐,是朱军长派你送来的?"

"对呀。"

"朱军长,他怎么认识我?"

"当然认识你,那一天,不是他带我一起来看你的吗?"

"哎呀,他就是朱军长?你怎么不早告诉我,让我好好看看我们穷人的大救星!"说到这里,老人深情地抚摸着那一大包食盐,嘴里还轻轻地叨念着:"朱军长,你带那么多的兵,管那么大的事,还把我一个老头子缺盐的小事挂在心上。你真是和天下穷人心连心啊!"

开创赣南根据地

1929年1月14日,根据柏露会议决定,朱德、毛泽东率红4军主力3600多人,从井冈山茨坪出发,沿着井冈山东南侧的羊肠小路突出敌军包围圈,取道遂川县的大汾、左安向赣南转移。敌军发现红4军主力突围下山,立刻派出重兵围追堵截。红军采取"盘旋式"游击战术,尽量避开敌军大部队的尾追,进入赣南山区。部队沿途击溃了一些地主武装的袭扰,开展群众宣传,张贴由朱德、毛泽东联名发布的《红军第4军司令部布告》,号召工农群众起来参加土地革命。

1月下旬,红军攻占大庾。这时,尾追的赣军李文彬部3个团赶上来,红四军在连续行军作战十分疲劳的情况下仓促应战,不幸失利,尔后且战且退,转移到了广东省南雄县乌径,敌军仍紧追不舍,红军处境非常危险。一次,部队在一片树林密遮着的田坝上宿营,不料大股追敌已到达离这里只有几里路的村庄。当地党组织

立刻派人向红军报告敌情，朱德当即命令部队悄悄转移。当敌人发起进攻时，已不见红军的踪影。朱德回忆说："这一次，红军的命运那是极端危险的，如果没有地方党的支部，那一下就会被敌人搞垮了。"

红4军沿着南岭山脉转移，在崇山峻岭里艰难跋涉，1月底到达赣南寻乌境内。2月2日凌晨，部队突然遭到追敌刘士毅部的袭击。第28团团长林彪放弃掩护军部的责任，率先撤走，使毛泽东、朱德和军直机关陷于非常危险的境地。在这危急时刻，朱德手提冲锋枪，带领一个警卫班作后卫，吸引住敌人，掩护毛泽东带着机关人员乘晨雾突出重围，朱德和警卫班且战且退，一个班打得只剩下3个人。冲出敌人包围圈的部队集合后，见不到军长朱德，大家十分焦急。这时，朱德已和3个警卫战士插入一条小路隐进山林，直到下午4点多，由农民引路才找到大部队。在这次战斗中，与朱德在湘南时结婚的伍若兰被敌人俘去，受尽折磨，不久在赣州英勇就义。

红4军从井冈山下来后，艰苦转战，几次失利，指战员都对尾追的敌军又恨又气，总想找机会教训一下敌人。2月9日，红军到达瑞金以北的大柏地，这里通往瑞金的路卧在山谷中，两面是陡壁深林。此时追敌刘士毅部第15旅跟在后面，朱德和毛泽东决定利用这里的有利地形伏击这股敌人，并立刻作出战斗部署。第二天是旧历大年初一，天没亮，红军就冒着毛毛细雨埋伏在大柏地的两侧山林中。等了很久，直到下午3点多钟，刘士毅部才大摇大摆进入伏击圈。红军立刻发起猛烈攻击，激战一夜，将敌军两个团大部分歼灭，俘敌800余人，缴枪800余支。这是红4军离开井冈山以来取得的第一次大胜利，扭转了下山后的被动局面。

2月中旬，红4军抵达吉县东固，与在这一带坚持斗争的赣南红军第2、4团会合。在会师联欢会上，朱德讲话说：反动派天天叫打倒"朱毛"，"朱毛"打倒没有呢？现在不仅没有打倒，而且越来越多，今天你们也变成了"朱毛"了。又说：像中国这样一个半封建半殖民地国家，如果不进行武装斗争，就没有农民和工人的地位，革命也绝不会胜利。

红4军在东固休整了一个星期后，得知井冈山已经失守，朱德和毛泽东决定，暂时采取变动不居的游击政策（打圈子政策）来对付敌人的跟踪穷追。当赣军李文彬部向东固迫进时，朱德已率部离去，经吉水、乐安、宁都，于3月4日占领广昌，再经石城抵达瑞金壬田。这段时间，红军总是和尾追之敌隔着一天左右的路程。

3月10日，红4军穿过武夷山，第一次进入闽西。驻防闽西重镇长汀（汀州）的福建省防军混成第2旅旅

长郭凤鸣是个土著军阀,他听说红军进到长汀的四都,马上派一个团前去堵截。朱德和毛泽东决定主动迎击。13日,红军分左、中、右三路迎头痛击该敌,敌军仓皇溃逃。朱德下令:"追!不让敌人中途集结。"红军一直打到离长汀城15里的长岭寨山下。第二天,红军向长岭寨发起总攻,歼敌两千人,击毙郭凤鸣,乘胜占领长汀。长汀的大批武器弹药、两个军服厂和两个兵工厂都落到了红军手中。

红军解放长汀,受到城内广大群众热烈欢迎。朱德在南寨广场召开的万人大会上讲话,号召穷苦群众起来,向封建地主豪绅作斗争。红军协助长汀各界代表成

▲ 长汀县革命委员会旧址——云骧阁

立了临时革命委员会，建立了闽西第一个红色政权。

红4军在长汀进行了整编，全军3000余人编为3个纵队，每个纵队下辖两个支队。全体指战员穿上了军服厂赶制的新军装，精神焕发。朱德还到福音医院会见院长傅连暲，他们是在南昌起义部队南下路过这里时认识的。朱德请他为红军战士医疗病伤，医院还为红军全体指战员接种了预防天花的疫苗。

20日，朱德出席在长汀"辛勤别墅"召开的红4军前委扩大会议。会上讨论了形势和红军行动的方针，决定利用国民党军阀混战即将爆发的有利时机，在闽西赣南20余县范围内，开展公开割据局面，争取与湘赣边界相连接，促进全国革命高潮的到来。

红军在长汀休整了17天。这期间，朱德和康克清结为终身伴侣。康克清是江西万安人，1927年参加过万安暴动，1928年参加红军，是个英勇顽强的女战士。

3月底，蒋桂战争爆发。朱德和毛泽东决定抓住这一时机，回师赣南。部队于4月1日到达瑞金，同彭德怀率领的从井冈山突围出来的红5军主力会合。在这里，接到中共中央2月7日的来信。信中认为，目前革命的主观力量还不能促进革命高潮，红4军应分成小部队的组织散入湘赣边界农村中去，等等。红4军前委于4月5日开会讨论中央来信，并以前委名义复信指出：

中央"二月来信""对客观形势及主观力量的估量都太悲观了","中央要我们将队伍分得很小,散向农村中,朱、毛离开红军,隐匿大的目标,目的在于保存红军和发动群众。这是一种不切实际的想法"。

信中还说:"我们的战术就是游击的战术,大体说来是'分兵以发动群众,集中以应付敌人';'固定区域的割据,用波浪式的推进政策。强敌跟踪,用盘旋式的打圈子政策;'很短的时间,很好的方法,发动很大的群众'。"这段话,是毛泽东和朱德对红军在井冈山斗争和向赣南、闽西进军的伟大实践经验的精辟概括。复信还主张利用蒋桂军阀混战时期实行"争取江西,同时兼及闽西、浙江",创建工农武装割据局面的战略方针。

随后,红4军前委决定:彭德怀率红5军主力回赣江以西,恢复井冈山革命根据地;朱德和毛泽东率红4军在赣江以东,建立赣南革命根据地。

红4军转战赣南,在1个多月时间里,先后建立了于都、兴国、宁都3个县级红色政权,初步形成赣南工农武装割据的局面。

粉碎五次反"围剿"

1930年10月,蒋介石在同冯玉祥、阎锡山的中原大战中获胜,却为江西革命形势的迅猛发展惊恐不安。他立刻调集10万兵力,部署对中央革命根据地发动第一次大规模军事"围剿"。

这时,朱德、毛泽东和红一方面军总前委正在罗坊开会,得知敌人这一动向后,认为当前任务不是进攻大城市的问题,而是积极防御、粉碎敌人"围剿"、保卫革命根据地的问题。当时红一方面军有4万人,在敌强我弱的情况下,决定采取"诱敌深入"的战略方针,命令红军东渡赣江,退回到革命根据地的中部宁都县黄陂、小布一线隐蔽集结。这时敌军由北向南,采取"分进合击"战术进入根据地中心地区,由于战线过长,兵力分散,弱点暴露出来。朱德、毛泽东决定对敌实行"中间突破",先打敌主力谭道源师或张辉瓒师,以把敌阵线切开,各个击破。12月24日,在小布河畔召

开苏区军民歼敌誓师大会,会场上悬贴着毛泽东写的一副对联:

敌进我退,敌驻我扰,敌疲我打,

敌退我追,游击战里操胜算;

大步进退,诱敌深入,集中兵力,

各个击破,运动战中歼敌人。

26日,敌谭道源师孤军深入到距小布30华里的源头,并有一个团进至距小布十几里的树陂。红军立刻在小布设下三面埋伏,但因反革命分子告密,谭部又缩了回去。这时得知敌前敌总指挥张辉瓒率部进到永丰的龙冈,红军立刻向这股敌军的前进方向转移设伏。朱德来到担负正面攻击任务的红3军作战斗动员,他说:"谭道源溜了,张辉瓒来了。希望同志们努力,要初战必胜!"

30日,朱德、毛泽东指挥红军在大雾弥漫的龙冈山路伏击敌军,全歼敌两个旅共9000人,缴步枪8000多支和许多机枪、迫击炮、电台。打扫战场时,活捉了敌师长张辉瓒。

战斗结束后,朱德召开俘虏大会,号召愿参加红军的可以参军,当时有两三千人参加了红军。

3天后,即1931年1月2日,朱德、毛泽东又指

挥红军分三路追击向东撤退的敌谭道源师。第二天,红军追上了敌人,但由于兵力不集中,仅消灭其一半6000人,又缴获6000多支枪和各种武器。

5天内,红军连打两个大胜仗,共歼敌1.5万人。其他各路敌军纷纷撤退,红军取得了第一次反"围剿"的胜利。

1931年4月,蒋介石又调集20万兵力,对中央革命根据地发动第二次"围剿"。国民党军"以厚集兵力严密包围及取缓进为要旨",从福建省建宁到江西省吉安东西长800里的战线上,分四路向中央苏区推进。

朱德、毛泽东决定采取先打弱敌、各个击破的作战

▲ 中央革命根据地第一次反"围剿"第一仗胜利旧址——龙冈

方针，率红军在东固地区隐蔽待敌。5月15日夜，获悉敌公秉藩师由富田向东固开进，立刻部署红军在敌人必经之路上布好"口袋"。16日拂晓，朱德、毛泽东率总部急行军20里到达东固岭附近的预定指挥位置。这一带崇山峻岭，沟川纵横。朱德正用望远镜观察四周地形，忽见一个电话兵气喘吁吁地跑来报告：正前方数百米的小桥以西大路上，窜来一股敌人。朱德用望远镜一瞧，只见大队敌人从东固岭上爬过来。朱德马上指挥他身边装备精良的特务队，以猛烈的火力把这股敌人撂倒在路边和水稻田里。可是，敌人的后续部队蜂拥而至，一个连冲上来，被打垮了再以一个营冲上来，又被击溃。朱德指挥特务队发起反冲锋，同时指挥布置在敌军两翼和侧后的红军主力向进入包围圈的敌军展开猛烈攻击。一时喊杀声惊天动地，经过5个小时激战，公秉藩的28师和敌47师的一个旅全军覆没，俘虏公秉藩（后逃脱）以下7000余人，缴枪6000多支。

接着，朱德、毛泽东指挥红军挥戈东进，在吉水县水南和白砂追歼敌第47师残部和第43师一部；在永丰县中村歼灭西援之敌第27师近一个旅。再向东击，攻克广昌，歼守敌第5师一部；突袭建宁，全歼刘和鼎师。红军连续作战16天，横扫700里，五战五捷，共歼敌3万余人，缴枪2万余支，粉碎了敌人的第二次

"围剿"。

这年6月下旬,蒋介石亲临南昌,部署对中央革命根据地发动第三次"围剿"。他调集30万兵力,自任"围剿"军总司令,任命何应钦为前敌总指挥。敌军采取"长驱直入"战法,分兵两路:左路向广昌、宁都、石城进攻;右路由吉安、吉水、永丰、乐安、宜黄一线南进,企图压迫红军主力于赣江畔而消灭之。

7月中下旬,朱德、毛泽东率领红军从建宁出发,绕道千里,回师兴国。这时敌军九个师向兴国疾进,形成对红军半包围的态势。朱德、毛泽东决定采取"避敌主力、打其虚弱"的作战方针,率领红军突然从敌军中间40华里的空隙穿出,东进到敌军主力侧后,在莲塘、良村、黄陂连打三仗,三战皆捷,歼敌1万多人。蒋介石立刻命令部队转兵东进追击红军,红军则以声东击西战术,分出一小部兵力吸引敌军向东北开去,而主力部队掉头西进,于敌重兵之间20里间隙的尖岭垴大山区跳出包围圈,回到兴国枫边、白石一带隐蔽休整。当敌军发觉红军主力在兴国时,红军已休息了半个月。这时敌军已饥疲沮丧,无力西进,蒋介石只得下令全线撤退。红军乘敌退却,于9月中旬在者营盘、高兴圩、方石岭又打了三仗,一次对峙,两次大胜。这次反"围剿"前后持续了3个月,共歼敌军3万余人,缴枪2万

余支。这样，又粉碎了敌人的第三次"围剿"。

第三次反"围剿"胜利后，中央革命根据地进一步巩固扩大，范围达到20多个县。

1932年12月，蒋介石以50万兵力发动对中央革命根据地第四次军事"围剿"，他亲到南昌"行营"坐镇指挥。国民党军兵分三路，以陈诚指挥蒋介石的嫡系12个师约16万人为中路，担任主攻任务。这时，毛泽东已被"左"倾路线代表排斥出红一方面军主要领导岗位，朱德和周恩来担负起指挥这次反"围剿"斗争的使命。

这次反"围剿"斗争一开始就受到"左"倾路线的干扰。

1933年2月初，朱德、周恩来率红一方面军进攻南丰，不克。这时，敌中路军第2、第3纵队由南城、宜黄、乐安分三路驰援南丰，企图合围红军于南丰城下。朱德、周恩来果断决定对南丰由强攻改为佯攻，主动退却，摆脱敌军内外夹攻的不利态势，并以一部兵力伪装主力，将敌引向黎川方向，主力则秘密转移到广昌以西的东韶、南团、洛口一带，隐蔽待机。

此时，敌中路军分三个纵队向广昌进攻。第1纵队所属第52师和59师为右翼，从乐安分两路向宜黄南部的黄陂、大龙坪前进。朱德、周恩来早已在这里布下红军主力。2月27日，红军对敌军突然发起猛攻，激战两天，将两师敌军全歼。接着，朱德、周恩来命令红军向宁都县小布等地区集结，再伺机歼敌。

敌中路军在黄陂战役中惨败后，分成前后两个梯队，由宜黄向广昌推进。朱德、周恩来将红军主力隐蔽在敌军右侧，准备侧击敌人的后梯队。3月21日，待敌前梯队3个师进到广昌甘竹，后梯队第11师、第9师进到宜黄县草台冈、东陂地区，与前梯队相离100里、处于孤立态势时，红军主力突然出击，将敌后梯两个师拦腰截开，集中力量攻击敌第11师，经一天激战，将该师大部歼灭。第二天，又于东陂歼敌第9师一部，残敌溃逃。敌前梯队3个师亦仓皇向南丰、抚州方向退却。

黄陂和草台冈两仗，红军全歼敌中路军近3个师，俘敌万余人，缴枪万余支、大炮40门、新式机关枪300挺，取得了第四次反"围剿"的胜利。蒋介石哀叹："此次挫折，凄惨异常，实有生以来唯一隐痛！"

蒋介石在第四次"围剿"遭到失败后，紧接着准备更大规模的第五次"围剿"。中央根据地周围敌重兵压境，碉堡林立，局势日见险恶。以博古为首的临时中央不顾这种局势，进一步推行"左"的路线和政策。

6月，博古、项英依照远在上海的共产国际驻中共

军事总顾问弗雷德的指示，不顾朱德、周恩来的不同意见，把红一方面军分成东方军和中央军两路，实行所谓"两个拳头打人"。

9月下旬，蒋介石经过充分准备，以100万大军、200架飞机发起第五次军事"围剿"，其中以50万兵力进攻中央苏区。国民党北路军夺占了中央苏区东北部重镇黎川。恰在这时，博古把苏联派来中国工作的李德作为军事顾问请到瑞金，成为他掌握红军指挥权的依靠。他们震惊于黎川的失守，匆忙确定"御敌于国门之外"的消极防御战略，要东方军兼程北进收复黎川，去攻打敌堡林立的硝石、资溪桥等地。又要部队远离根据地进入敌后去活动，结果都未获胜利，红军陷于更加不利的境地。

朱德曾对身边的参谋人员说："李德顾问来了以后，住在瑞金，不下去调查，靠看地图、电报指挥前方的战斗，而我们在前方最了解情况的人，反而不能指挥，这就有问题嘛。可是，他是受党中央委托，还得照办啊！否则，就成了各行其是。"

11月中旬，博古和李德曾一起到前方当时位于建宁的红军总司令部。朱德见了李德，对他讲红军作战的传统，讲前四次反"围剿"的胜利经验，但傲慢的李德根本听不进去。

博古、李德直接掌握红军的指挥权后，由进攻中的冒险主义，转而实行防御中的保守主义，对四面包围的敌人处处设防，节节抵御。从1934年1月下旬到3月底，红军主力分兵数路，"以堡垒对堡垒"，实施"短促突击"，进行徒劳无益的战斗。4月，他们又以3万红军主力进行广昌保卫战，在抚河两岸同数倍于己的敌军展开阵地战，虽然给敌军以重创，但自身伤亡也占参战兵力的1/5，最后又不得不放弃广昌。

国民党军接着以31个师的兵力，从6个方向上向中央根据地中心区域发起全面进攻。博古、李德要红军采取"六路分兵，全线抵御"的方针，继续同敌军死打硬拼，结果哪一路也未能挡住优势敌军的攻势。到8月，红军的北部防线被突破，东线被打开，西线和南线也愈加艰难。在四面告急的情况下，李德无计可施，抱病躲避，朱德毅然担负起支撑整个战局的责任。

由于李德不再过多干涉前方战事，使朱德有可能部分地改变消极防御的错误战法。9月初，朱德指挥红1、9军团等部，发挥红军打运动战的特长，在东线取得温坊大捷，歼灭敌东路军李延年纵队的4000余人，缴获大批武器弹药。这是红军在第五次反"围剿"中打得最好的一仗，使苦战一年的红军得到最大一次补充。

但是，个别的胜利已无法挽回整个战略指导错误所铸成的败局。到 9 月中、下旬，中央苏区已缩小到只有瑞金、会昌、于都、兴国、宁都、石城、长汀等几县，红军的战略转移已势在必行。

统帅三军行万里

1934年10月,朱德和中央红军主力踏上了战略转移的漫漫征程。战略转移的最初计划是到湘鄂西去同红2、6军团主力会合,创造新的革命根据地。转移的红军主力有1、3、5、8、9军团和中央纵队、军委纵队,计8.6万余人。在中央苏区留下地方红军(约1.6万人)由项英、陈毅领导继续坚持斗争。

朱德走在司令部队伍的最前面。出发前,组织上给少数中央领导人配备了担架、马匹和文件挑子。朱德虽然年龄较大,但为了节省几名强壮士兵去充实作战部队,既不要担架,也不要文件挑子,只要了两匹马,一匹驮行李、文件,一匹骑乘,而这匹骑乘的马常常是随康克清在队伍后面供收容伤病员用。朱德和指战员一起步行,为了鼓励大家情绪,总是谈笑风生,风趣幽默地摆四川"龙门阵",逗得大家都忘了疲劳。

中央红军出发后,连续通过敌人两道封锁线。之

所以没有发生大的战斗,一个重要的原因是,红军出发前夕,朱德和周恩来根据党的统战策略,利用蒋介石和广东地方实力派的矛盾,派潘汉年、何长工为红军代表,同国民党南路军陈济棠部秘密谈判,达成合作反蒋的五项协定,其中包括解除封锁和必要时互相借道等,这就为红军顺利通过陈济棠的防区创造了条件。

红军越过粤汉铁路路基,通过敌人第三道封锁线后,蒋介石看清了中央红军主力西征的意图,紧急调兵遣将沿湘江设置了第四道封锁线。由于庞大的中央纵队和军委纵队共1.4万多人,1000多副担子,行动缓慢,两边由战斗部队护卫着,不能迅速渡过湘江,国民党湘、桂各军纷纷向红军渡江地段扑来,发生了空前激烈的战斗。经过4天4夜的血战,红军终于渡过湘江,突破了第四道封锁线,但整个部队由出发时的8万多人锐减为3万余人。

这一惨重的损失,引起红军全体指战员的深思。朱德曾总结教训说:长征就像搬家一样,什么都搬起来走,连印刷机、兵工机器都搬出来,结果一个直属队就有1万多,所以需要的掩护部队也就多了,部队行动起来很慢。总结这一教训后,朱德和周恩来、王稼祥发布了后方机关进行缩编的命令,要求将不必要的物资立即抛弃或毁坏，使部队轻装前进。

1935年1月初，红军渡过乌江天险，而后袭占遵义。在这里，中共中央政治局召开会议，这就是有重大历史意义的遵义会议。会上，朱德完全支持毛泽东的发言。他对博古、李德军事上的瞎指挥有直接的充分的了解，讲话时很激动，声色俱厉地追究临时中央的错误，谴责他们排斥了毛泽东，依靠李德，弄得丢掉根据地，牺牲了多少生命！"如果继续这样的领导，我们就不能再跟着走下去！"

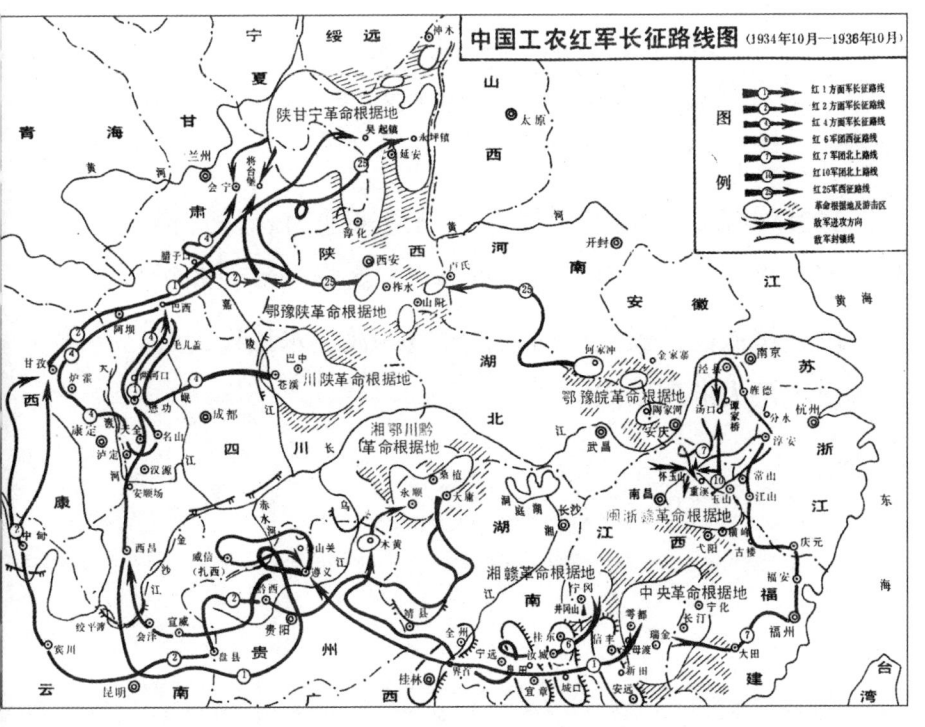

遵义会议通过决议，肯定毛泽东、朱德、周恩来指挥第一、二、三、四次反"围剿"取得胜利的正确战略战术原则，指出第五次反"围剿"的失败主要是博古、李德的消极防御的错误战略方针造成的。会议决定取消"三人团"，仍由最高军事首长朱德、周恩来为军事指挥者，推选毛泽东为中央政治局常委。这样，实际上形成了以毛泽东为核心的新的中央的正确领导，挽救了几乎陷于绝境的中国革命。26年后，朱德缅怀遵义会议时写下这样的诗句：

群龙得首自腾翔，路线精通走一行；
左右偏差能纠正，天空无限任飞扬。

1935年春，朱德和毛泽东、周恩来通力合作，指挥3万红军在云贵高原上展开机动灵活的运动战，同数十万围追堵截的国民党军周旋，经过四渡赤水战役，终于跳出了敌人的围堵圈。

"敌人的枪是打不中朱德的"

在一渡赤水前,曾发生一场惊心动魄的土城战斗。1935年1月下旬,中央红军向赤水推进,打算由这里北渡长江。27日,中央军委抵达赤水河畔的土城,这时,获悉川军刘湘的模范师有4个团尾追红军而来。毛泽东决定,利用土城以东山谷夹峙的地形,给追敌以迎头痛击,由红3、5军团进行这一战斗。28日晨战斗打响,但连续激战几个小时未能扩大战果,这时才发现追敌不是4个团,而是6个团万余人,并且敌军增援部队还不断涌来;川军的武器装备和战斗力都比黔军强得多,这也是最初估计不足的。敌军越聚越多,一步步向土城方向压来。如果不顶住敌军,后面是赤水河,后果难以想象。在这危急时刻,朱德决定亲临前线指挥作战。毛泽东连吸了几支烟,没有答应。朱德把帽子一脱,说:"得啰,老家什,不要光考虑我个人的安全,只要红军胜利,区区一个朱德又何惜!敌人的枪是打不

中朱德的！"毛泽东终于同意了。

朱德和刘伯承赶到前沿阵地指挥，鼓舞了红军指战员的士气，顽强地抗击了敌人一次次冲锋。朱德还指挥陈赓率军委干部团发起反冲锋，占领有利地形，把突破红军阵地的敌人打回去，稳住了阵脚。傍晚，奔袭赤水城的红1军团赶回增援，巩固了阵地。

当晚，中革军委开会，根据各路敌军集结川南，沿长江堵截红军的新情况，决定改变从泸州至宜宾间北渡长江的计划，迅速撤离土城地区，渡赤水河西进。第二天，朱德又到前沿阵地指挥阻击敌军，掩护全军一渡赤水。他来到黄开湘任团长、杨成武任政委的红4团阵地。当时，天下着雨，刘湘模范师不断涌过来，朱德手提驳壳枪，和红四团并肩战斗，一直坚持到天黑。

临大节而不辱

1935年6月，中央红军翻过终年积雪的夹金山，在山下懋功一带和由川陕根据地转战到此的红四方军胜利会师。两大主力红军会合，兵力达10余万人，力量大大增强了。全军指战员感到欢欣鼓舞。25日，在两河口举行庆祝会师大会，朱德和张国焘先后讲话，朱德热情地称赞了红四方面军屡挫强敌、发展壮大的英勇业绩，张国焘在讲话中却流露出同中央北上方针相左的意向，从而给两军会师后的欢乐投下阴影。

第二天，中共中央政治局在两河口举行扩大会议，通过"决议"指出："我们的战略方针是集中主力向北，在运动战中大量消灭敌人。首先取得甘肃南部，以创造川陕甘苏区根据地。"会后，朱德曾诚恳地同张国焘彻夜长谈，希望由第四方面军去占领松潘地区，打开北上道路，但张国焘认为松潘之敌强大，推诿拒绝了这个建议。

两河口会后,朱德按"松潘战役计划",率中央红军向北推进,接连翻过梦笔山、长坂山、打鼓山、拖罗岗等几座雪山。先头部队于7月16日攻占了靠近松潘的毛儿盖。

可是,在中央红军出发后,张国焘却拖延指挥四方面军北上。原来他在两河口看到中央红军兵力比四方面军少得多,个人野心膨胀起来,就唆使他的追随者以"解决统一指挥的组织问题"为借口,致电中央要求改组中央军委和红军总部,由张国焘担任中央军委主席并给以"独断专行"的权力,企图将红军置于他的控制之下。

为了维持两大主力红军的团结,中央政治局7月18日在芦花开会,接受周恩来的提议,将由他担任的红军总政委职务改由张国焘担任。同时,中央军委发出通知,仍以中革军委主席朱德兼总司令,任命张国焘为总政治委员,并规定:"一、四方面军会师后,一切军队均由中国工农红军总司令、总政委直接统率指挥。"

但张国焘却居心叵测,在暗地进行反中央的活动。他对下面散布"中央红军的损失应由中央负责"等流言蜚语。在中央机关和中央红军中,也有少数人指责四方面军撤离鄂豫皖和退出川陕是"逃跑主义",不恰当地提出"军阀主义"、"土匪作风"、"政治落后"等批评,这也引起四方面军一些干部的反感,给了张国焘以挑拨的借口。这些复杂的情况,使朱德对两军会合后的团结问题感到忧虑。为了维护革命队伍团结的大局,他同四方面军指战员接触时,总是多讲他们的长处,多说鼓励的话,并推心置腹,以诚相待,因而受到四方面军指战员的拥戴。

8月初,在毛儿盖,中央军委决定北进夏河等地,争取在洮河流域消灭阻敌,进入甘南。为此,将一、四方面军混合编为左、右两路军:左路军辖5、9、31、32、33军,由红军总部率领,奔阿坝,再北进夏河;右路军辖1、3、4、30军,由党中央和前敌总指挥部率领,奔包座、班佑,再向夏河前进。

中央政治局还在离毛儿盖不远的沙窝开会,作出决议重申北上抗日、创建川陕甘革命根据地的方针是正确的,而加强一、四方面军的团结则是实现这个方针的基本条件。

会后,朱德和红军总参谋长刘伯承率总部赴左路军集结地卓克基。朱德将和张国焘一起共事,他深知"这不是一件容易的事"。朱德在党内与同志之间一向宽宏大度,谦逊礼让,而张国焘一贯是妄自尊大,专擅用权。他在红军总部中竭力排斥朱德和刘伯承,以个人意志挟持总部领导,甚至发展到同党中央对抗。

两路军分开后，党中央来电，准备改变原定主力在阿坝会合北上的方案，提出应"以主力从班佑向夏河急进"，"一、四方面军主力宜走右路"。但张国焘坚持西出阿坝，甚至主张深入到青海、宁夏、新疆。在这种情况下，中央政治局8月20日在毛儿盖再次开会，会议决定指出：企图使红军"主力西渡黄河，深入青、宁、新僻地是不适当的，是极不利的"，是"危险的退却方针"，因为它将适应敌人想把红军赶到人烟稀少的西部边陲地域的需要。会议决定要左路军向右路军靠拢。

8月底，党中央和右路军经过草地，到达包座、班佑地区，等候左路军前来会合。在党中央一再催促下，抵达阿坝的左路军才向东进入草地，向班佑前进。在草地艰难跋涉的第三天，一条南北流向的噶曲河挡住了前进的道路。由于刚刚下过一场暴雨，河水上涨，这使本不愿向右路军靠拢的张国焘找到了借口。他不经朱德同意，以"朱、张"名义致电中央，说噶曲河涨水，"不能徒涉和架桥"，"茫茫草地，前进不能，坐待自毙"，"决于明晨分三天全部赶回阿坝"，还提出要右路军撤向松潘。

朱德坚持执行中央决议。为了弄清噶曲河涨水情况，他亲自到河边，派警卫员去探测河水深浅。警卫员骑马过河又返了回来，证明队伍是完全可以通过的。朱德更坚持左路军过河向班佑前进，为此，同张国焘进行了激烈的争论。张国焘不顾朱德、刘伯承的意见，专断下令要左路军返回阿坝，并密电陈昌浩要右路军南下，企图分裂红军，危害中央。

9月10日凌晨，中央得知这一情况，为贯彻北上方针，避免红军内部可能发生的冲突，果断地决定率1、3军先行北上。11日抵俄界后，又致电张国焘，指示他立刻"率左路军向班佑、巴西开进，不得违误"。张国焘无视中央命令，又致电1、3军领导人，声称"1、3军单独东出，将成无止境的逃跑，将来真悔之无及"，要1、3军"南下首先赤化四川"。朱德断然拒绝在电报上署名。

两大红军主力在会合整整3个月后，就这样分离了。这完全是张国焘对抗中央、分裂红军的恶行所导致的，朱德心情十分沉重。怎么办？想到这里还有8万指战员组成的红四方面军，还有编在左路军中的一方面军第5、9军和其他的同志，不能把他们丢给张国焘不管。这样，只剩下一个选择：留下来，跟着这支队伍，哪怕遇到再多的艰难曲折，也要把它最终带回到党的正确路线上来。

张国焘回到阿坝，立刻大造反对党中央的舆论，并开始了对朱德的围攻。他唆使追随者同朱德谈话，要朱

德写反对中央北上的文章，朱德不答应。张国焘又在阿坝一个喇嘛寺召开会议，攻击党中央北上是"逃跑主义"，鼓吹"南下"才是"进攻路线"。一些人跟着起哄，要朱德当众表态"同毛泽东向北逃跑的错误划清界限"，"反对北上，拥护南下"。朱德任凭风浪起，稳坐钓鱼台，对他们不予理睬。张国焘急不可耐，说："总司令，你可以讲讲嘛，你对这个问题的认识怎样？是南下是北上？"

朱德这才从容不迫地说："党中央北上抗日的方针是正确的，现在日本帝国主义侵占了我国东三省，我们红军在这民族危亡的关头，应当担负起抗日救国的责任。北上的决议，我在政治局会议上早举过手的，我不能出尔反尔。我是共产党员，我的义务是执行党的决定。南下是没有出路的。"

有人冲着朱德喊："既然你拥护北上，那你现在就走，快走！"朱德说："我是中央派到这里工作的，既然你们坚持南下，我只好跟你们去。"

会场气氛更加紧张。这时，刘伯承挺身而出，说："现在不是开党的会议吗？又不是审案子，你们怎么能这样对待总司令？！"

这一来，一些人攻击的目标又转移到刘伯承身上。刘伯承也表明了拥护中央北上的坚定立场。

张国焘没有在阿坝会议上使朱德、刘伯承屈服，就又以各种名义召开大大小小的会议，一面不断地攻击党中央，一面给朱德施加压力，他的追随者甚至谩骂朱德是"老糊涂"、"老右倾"、"老顽固"。朱德很沉着，任他们怎么斗，怎么骂，总是不为所动，一言不发，有时干脆不去参加会议。

10月初，红四方面军攻下了卓木碉。张国焘在这里开会，继续散布攻击党中央的舆论，公然宣布另立以他为首的"临时中央"，并胁迫朱德表态，要朱德和毛泽东"划清界限"。朱德说："天下红军是一家。中国工农红军在党的统一领导下，是个整体。大家都知道，我们这个'朱毛'，在一起好多年，全国全世界都闻名。要我这个'朱'去反'毛'，我可做不到呀！不论发生多大的事，都是红军内部的问题，大家要冷静，要找出解决办法来，可不能叫蒋介石看我们的热闹。"

张国焘为了扩大他"伪中央"的声威，宣布朱德为"中央委员"、"中央政治局委员"、"中央书记处书记"。朱德严正表示："你不能另起炉灶，你的作法我不赞成，我要接受党中央的领导，不能当你封的那个委员、这个委员。按我党规矩，我保留意见，以个人名义做革命工作。"

卓木碉会议后，朱德处境更加艰难。他和刘伯承住

在一起，像被软禁了一样，不得不做万一不测的准备。刘伯承对朱德说："现在的情况很严重了，看样子，他们可能要逮捕人。"朱德深思了一阵说："过去军阀混战时，死人不值得的。现在为党的利益奋斗而死，是可以的。当然个人是无所谓的，可是任事情这样演变下去，对整个革命不利呀。"

张国焘知道朱德和刘伯承在红军中享有极高的威望，终于未敢对他们采取极端手段。不久，刘伯承被调到红军大学工作，实际上解除了他的总参谋长职务。朱德被派到前方部队去，这使他有了接触部队的机会。他见到原红5、9军团的指战员，总是要他们顾全大局，讲斗争策略，耐心克服眼前的困难和曲折，同四方面军的同志搞好团结。他又同四方面军指战员多接触谈心。他平易近人的作风，亲切凝重的态度，朴实无华的谈话，获得广大指战员的尊重。当张国焘肆意打击、迫害坚持原则，对他搞分裂不满的指战员时，朱德总是千方百计保护这些同志，使一些人幸免于难。

朱德反对张国焘的分裂行为，但认为部队既然南下，就应打开战局，找块落脚生存的地方。因此，他到前敌指挥部和徐向前一起指挥作战，及时了解敌情，积极行使总司令的职权，作出战斗部署。他早在护国战争时期就和川军打过交道，对川军的作战特点较为了解，对大家说：川军向来欺软怕硬，惯打滑头仗。我们不打则已，要打就抓住打，狠狠地打。他要求各级指战员要讲究战术，发挥运动战的特长，以快以巧制敌，用小的代价去换取大的胜利。

10月下旬，红四方面军在连克绥靖、崇化、丹巴、抚边、达维和懋功之后，又发起"天（全）芦（山）名（山）雅（州）邛（州）大（邑）"战役。朱德认真研究敌情、地形和战斗特点，总结前一段战斗经验，写了《雪山老林的战斗》、《对空防御应注意之点》等一系列文章，作出战略战术上的指导。

红四方面军南越夹金山后，十几天内连下宝兴、天全、芦山等县城，先后击溃川军杨森部、刘湘部、刘文辉部、邓锡侯部17个旅近7万人，造成了东下川西平原的战略态势。

1936年9月初，蒋介石在平息"两广事变"后，为阻止红军三大主力的会师，调胡宗南部由湖南兼程北进，企图抢占西兰大道，隔断红军会师的道路。据此敌情，朱德等在9月13日致电中央，提出"一、四方面军乘胡敌在西北公路上运动之时机，协同消灭其一部，二、四方面军尽力阻止和迟滞胡敌西进"的作战建议。毛泽东等同日回电说"彼此意见大体一致，唯我们意见，四方面军宜迅以主力占领界石铺为中心之隆、静、

会、定段公路及其附近地区"。此后接连四天，毛泽东等天天来电，通报敌情，要四方面军迅速北出至隆、静大道，进占界石铺及以西地段，否则将被敌截堵隔断，并说明一方面军已派第一师向隆、静大道北侧运动加以策应，"机不可失，千祈留意。"

军机紧迫，中央不断来电，朱德很焦急，他不断找张国焘、陈昌浩等商量四方面军行动问题，力主按中央要求迅速北上至隆、静大道。可是张国焘见一方面军抽不出更多兵力与四方面军共同夹击胡敌，将以四方面军为主迎敌，十分畏惧，便心生鬼胎，主张西渡黄河进入甘肃西北部。朱德先说服了陈昌浩同意北进实现同一方面军的会合，然后他们一起同张国焘不顾大局的逃跑主义倾向展开斗争。

当时红军总部在岷州三十里铺，这里正在开西北局会议，从9月16日开始连开了3天。每天会后，朱德都同张国焘争论红军行动方向问题，陈昌浩站在朱德一边，双方总是争论到深夜。会议开到第三天，张国焘突然宣布辞职（他是西北局书记），带着他的警卫员和骑兵住到岷江对岸的供给部去了。朱德气愤地说：他不干我干！于是找来作战参谋，挂起地图，着手制订部队行动计划。当天黄昏，张国焘又派人来通知继续开会，朱德、陈昌浩和西北局成员就赶到张的住处开会。参加会议的多数人都同意朱德的主张，张国焘无可奈何地说："党内是民主集中，少数服从多数，我牺牲个人意见，同意北上。"

9月18日晚，朱德和张国焘、陈昌浩联名向在漳县的四方面军前敌总指挥部发布《通（渭）庄（浪）静（宁）会（宁）战役纲领》，决定四方面军立即北进，相机占领静、会及通渭、定西大道，以与一方面军会合为目的。同日，将这一作战计划电告中央。

可是，张国焘并不是真心同意这个决定。岷州会议一开完，他就赶到漳县的四方面军前敌总指挥部，向没有参加会议的前方负责人片面宣传他西渡黄河的主张，还流着眼泪说："我是不行了，到陕北准备坐监狱，开除党籍，四方面军的事情，中央会交给陈昌浩搞的。"他不顾岷州会议的决定，又提出一套西渡黄河，抢占永登、红城子作立足点的方案，并且不经朱德同意，发出部队停止北进，掉头向西的命令。他还阴险地向红军总部通讯部门发出密电："所有未经我签字的电报一定不准发出，请兄等绝对负责。"企图切断朱德同党中央和各方面的联系。

朱德得知张国焘突然变卦，擅自改变岷州会议决定，变北上为西进的情况，十分气愤。他认识到，这是关系到红军前途命运的大问题。正是一年前，张国焘的

分裂活动导致一、四方面军分离，陷入危境。现在，这支饱经磨难的部队眼看就要回到党中央那里，很快会出现三大主力会师西北的新局面，张国焘又来干扰破坏，这是绝不允许的。他考虑了许多，一夜没有睡，在9月22日凌晨2点致电张国焘等，表示对突然改变计划"不胜诧异"，"深为可虑"，指出"静会战役各方面均表赞同，陕北和二方面军也在全力策应，希勿失良机，党国幸甚"，并提议在漳县召开西北局会议"续商大计"。接着，他不顾张国焘不准对外发电的禁令，排除阻挠，致电党中央和在陇南的二方面军贺龙、任弼时、刘伯承，告诉他们："（甲）西北局会议通过之静、会战役计划，正在执行，现又发生少数同志不同意见，拟根本推翻这一原案；（乙）现将西北局同志集漳县续行讨论结果再告；（丙）我是坚决遵守这一原案，如将此案推翻，我不能负此责任。"朱德又发出电报通知参加过岷州会议的西北局成员兼程赶往漳县开会。天一亮，朱德就骑马往漳县疾奔，一天内赶了120里路。

9月23日，西北局会议在漳县前敌总指挥部再次召开。朱德在会上同张国焘展开激烈争论，他一再阐明：四方面军北上同一方面军会合，对整个形势是有利的；现在迅速北上，可以不经过同敌军决战而实现会合，"可能会合为什么不会合？"岷州会议的决定是西北局成员集体讨论作出的，张国焘既然当时表示同意并签了字，为什么到漳县就完全改变了？为什么不经过西北局重新讨论就改变会议决议？张国焘即使是党的书记也要根据决议来工作，这是关系到组织原则的严重问题，应当弄清楚。张国焘在会上蛮横地狡辩说，他是书记兼总政委，调动部队他完全负责，经他决定了可以不经朱德同意，等等。张国焘宣传他所以主张西进，是因为此时黄河容易渡，可以避免同胡宗南部在西北大道决战，并且将来也可以达到会合的目的。这使参加会议的一些人通过了他的西进方案。朱德严正表示，他坚持岷州会议原案，"要强使我同意是不可能的"，要张国焘对这个改变负责任，并把这个改变报告中央。

但是，张国焘的西进企图因黄河对岸已进入大雪封山的季节难以实现，西进的先头部队不得不返回岷州。张国焘骑虎难下，致电中央，表示接受党中央的领导，尊重党中央对四方面军行动的意见。9月27日，党中央来电明令禁止四方面军西渡，指出：一、四方面军合则力厚，分则力薄。"四方面军仍依照朱、张、陈9月18日之部署，迅从通渭、陇西线北上。"又电嘱："万祈决策北进，共图大业，免使再分难合，各陷不利地位，至祷至盼。"同日，朱德和张国焘、徐向前电告中央：尊重中央的指示和意见，"决仍照原计划东进"，"决不再改变"。中央回电表示对四方面军决定回师北上"十分佩服与欣慰",并告以一方面军策应的部署。

　　10月初,红四方面军先后通过西兰公路。在甘肃的会宁和静宁,实现了一、二、四方面军的胜利会师。不久,朱德和周恩来、彭德怀等统一指挥三个方面军在陇东环县取得山城堡战斗的胜利,给追敌胡宗南部以沉重打击。红军完成了举世瞩目的二万五千里长征。

　　从1934年10月到1936年10月,整整两年时间,朱德经历了红军长征的全过程,他率领这支钢铁队伍战胜千难万险,克服种种危机,终于完成把三大主力会合在一起,胜利实现战略转移的历史使命。11月底,朱德率红军总部抵达陕北保安(今志丹县),和中共中央会合。毛泽东对朱德克服张国焘闹分裂的斗争给予高度评价,说他"临大节而不辱","度量大如海,意志坚如钢"。

八路军总指挥

1937年7月7日,卢沟桥的炮声揭开了全国抗日战争的历史篇章。

卢沟桥事变的第二天,中国共产党通电全国,疾呼"平津危急!华北危急!中华民族危急!只有全民族实行抗战,才是我们的出路!"

7月14日,毛泽东、朱德电令红军各部:限10天内完成各项抗日准备工作,听候出动命令。这一天。朱德壮怀激烈,挥笔写下自己的誓言:

"日本强盗夺我东三省,复图占外蒙,又侵我华北,非灭亡我全国不止。我辈者黄帝子孙,华族胄裔,生当其时,身负干戈,不能驱逐日寇出中国,何以为人!我们誓率全体红军,联合友军,即日开赴前线,与日寇决一死战,复我河山,保我民族,保卫国家,是我天职!"

18日,朱德离开延安,前往驻在陕西省泾阳县云

阳镇的红军前敌总指挥部，着手改编红军，准备开赴抗日前线。

7月底，北平、天津相继沦陷，华北战局日益严重，日军又准备进攻上海，这才迫使西安事变后答应通过国共两党谈判实现共同抗日的蒋介石电请中共代表赴南京共商国防问题。中共中央决定派朱德、周恩来、叶剑英前去，他们于8月9日飞抵南京。11日，朱德在国民党政府军政部谈话上发言，阐述对抗战的战略战术问题。他指出：

"抗日战争在战略上是持久的防御战，在战术上则应采取攻势。在正面集中兵力太多，必然要受损失，必须到敌人的侧翼活动；敌人离不开交通线，我们则应离开交通线，进行运动战，在运动中杀伤敌人；敌人占领我大片领土后，我们要深入敌后作战；游击战是抗战中的重要因素，游击队在敌后积极活动，敌人就不得不派兵守卫其后方，这就牵制了它的大量兵力。"

朱德、周恩来等在南京同国民党政府继续进行谈判。由于蒋介石急欲让红军开赴抗日前线，特别是日军"八·一三"大举进攻上海，迫使蒋介石下了自卫抗战的决心，因而谈判取得较大进展，在红军改编等问题上达成协议，于是，朱德在8月19日返回云阳。

8月22日，南京国民政府军事委员会发布将红军改编为国民革命军第八路军的命令,任命朱德、彭德怀为正、副总指挥。同日,朱德出席在洛川县冯家村召开的中共中央政治局扩大会议。他在会上发言,主张红军应及早出动到抗日前线,出动以后,应注意保存兵力,但保存的方法应是积极的,向前的,发展的;要实行战略上的持久战,持久战不能单凭消耗,要发动广大群众,开展广大的游击战;中心是支持华北,即使友军都退下来,我们也能在华北支持,重点争取太行山及其以东地区。洛川会议决定组成新的中共中央军委,由毛泽东任军委书记,朱德、周恩来任副书记。

8月25日,中共中央军委宣布红军改编为国民革命军第八路军,朱德、彭德怀为正、副总指挥,叶剑英、左权为正、副参谋长,任弼时、邓小平为政治部正、副主任。下辖3个师:第115师,林彪、聂荣臻为正、副师长;第120师,贺龙、萧克为正、副师长;第129师,刘伯承、徐向前为正、副师长。为保证中国共产党对八路军的领导,决定设立中共中央军委前方分会(后称华北军分会),朱德为书记,彭德怀为副书记。

这时,由原红一方面军改编的八路军115师,已于陕西三原誓师出发,作为抗日先遣队,奔赴晋东北抗日前线。

9月6日,在云阳镇大操场举行八路军总部出师抗日誓师大会。朱德在主席台上带领全体指战员高声宣读《八路军出师抗日誓词》：

　　日本帝国主义是中华民族的死敌，它要亡我国家，灭我种族，杀我父母兄弟，奸淫我母妻姐妹，烧我们的庄稼房屋，毁我们的耕具牲口。为了民族，为了国家，为了同胞，为了子孙，我们只有抗战到底。我们是工农出身，不侵犯群众一针一线，替民众谋福利，对友军要亲爱，对革命要忠实。如果违反民族利益，愿受革命纪律的制裁，同志的指责。谨此宣誓。

　　当天，朱德率领八路军总部，冒着蒙蒙细雨从云阳出发。16日，在韩城芝川镇东渡黄河。他和任弼时、邓小平、左权等搭乘同一条船，渡过波涛汹涌的黄河，踏上战火燃烧的山西大地。

率部转战太行

1937年9月,朱德率部东渡黄河,一路上受到广大群众的欢迎和慰问。途中曾得南京国民政府关于第八路军改称第18集团军,辖于阎锡山第二战区的命令。9月21日晨,朱德到达山西省会太原,同先期到此的周恩来,前往设在雁门关西侧太和岭口的第二战区司令长官部去会见阎锡山。当时,第二战区正在平型关到雁门关的内长城线组织对日军的防御。朱德和阎锡山会商了八路军的游击区域、军队驻扎以及兵力使用等问题。阎同意八路军进行独立自主的山地游击战,朱德也同意在有利条件下配合友军进行运动战,抵抗向山西进攻的日军。

23日,朱德到达刚刚移驻五台县南茹村的八路军总部,得到由平绥线南下的日军正向平型关发起猛烈进攻的消息。他和彭德怀立刻电令驻平型关东南冉庄附近的115师"即向平型关、灵丘间出动,机动侧击向平型

关进攻之敌,但须控制一部于灵丘以南,保障自己的右列",并将这一作战部署分别电告毛泽东和蒋介石、阎锡山。

平型关是古长城上的重要隘口,通往灵丘、涞源,有一条小路蜿蜒在群山之间,地势险要。115师接到总部电令后,于24日深夜冒着倾盆大雨急向平型关以东的白崖台开进,拂晓前占领了通往平型关的公路、侧高地,设下埋伏。25日晨,日军装备精良的板垣师团第21旅团一部,由东向西走进了115师的伏击圈。载着士兵和军火的汽车队绵延数千米,后面跟着骑兵。115师居高临下,向日军发起猛烈进攻,日军立刻慌作一团。枪炮声、喊杀声震撼山谷。经过一天激战,歼敌千余人,毁敌汽车百余辆,缴获大批辎重和武器。

平型关战斗是八路军出师后同日军打的第一仗,也是卢沟桥事变以来中国军队主动寻歼敌人而取得的第一个大捷。它打破了日本不可战胜的神话,振奋了全国,震惊了世界,提高了共产党和八路军的威望。祝捷的电报、函件纷纷飞向八路军总部,飞向延安。

平型关战斗一结束,朱德就赶到战地现场,和115师指战员一起总结战斗经验。他指出:"我们以劣势武器要战胜现代化的强敌,在战术上就必须善于灵巧机动地使用自己的兵力和兵器,发挥自己旺盛的攻击精神,选择有利阵地与时机，抓住敌人弱点，集中优势兵力和兵器，采用秘密、迅速的动作，出敌不意，突然袭击，进行肉搏，坚决消灭之，否则即难成功。"

10月，开始了忻口会战，这是华北战场规模最大的一次会战。中国军队以8万兵力迎战5万日军。第二战区前敌总指挥、第十四集团军总司令卫立煌部负责正面守卫，朱德担任第二战区右翼军指挥，统领位于日军侧后方的中国军队，有力地配合了正面战场的作战。他指挥八路军不断袭击、骚扰日军的后方和运输线，使日军的弹药、汽油运不上去，大炮没炮弹，坦克开不动，食品运不上去，日军饿得只好抢中国老百姓的高粱米吃。120师宋时轮部按总部命令挺进雁门关以北地区，袭击井坪，威胁大同；雁门关要隘曾几度被八路军游击队占领。10月19日，八路军总部直接指挥129师陈锡联团夜袭阳明堡日军飞机场，焚毁敌飞机20多架，使日军在一段时间里不能对忻口前线和太原进行狂轰滥炸，减轻了前线友军的压力。忻口战役历时21天，使长驱直入、狂傲不可一世的日军受到沉重打击。

日军在忻口受阻的同时，以一部沿正太路向晋东进攻，娘子关告急。朱德急令刚刚开到山西的129师和115师一部星夜驰援。但娘子关还是失陷了，国民党一些部队被日军分割包围，八路军奋力救援，使几支友军得以突围脱险。

娘子关失守后，忻口守军也退至太原。山西战场南移，朱德留下聂荣臻率3000人在五台山坚持敌后游击战，亲率八路军总部离开五台山区，越过正太路南移。他指挥部队在阻击、袭扰日军的同时，实施从五台山地区向晋东南和吕梁山区的转移。

11月8日太原失陷，华北抗战由以正规战争为主转入以游击战争为主的新阶段，八路军成为华北敌后抗战的主体。11日，朱德在和顺县石拐镇召开八路军领导干部会议，决定115师除聂荣臻率领一部创建晋察冀根据地外，主力转移到汾河流域和晋南，并留一部配合129师在晋东南创建根据地；120师仍在晋西北同蒲路北段活动。八路军总部提出"坚持华北抗战"、"坚持山西抗战"、"八路军誓与山西人民共存亡"、"创造抗日根据地"、"变敌人后方为前线"的口号，使华北人民在国民党军队纷纷后撤的情况下重振了抗战到底的信心。

1938年1月中旬，朱德和彭德怀、林彪、贺龙、刘伯承去河南洛阳，出席蒋介石召开的第一、第二战区将领会议。会上提出"反攻太原"，第二战区为此编组了西路军、南路军和东路军。东路军以朱德、彭德怀为正、副总指挥，辖八路军（欠第120师）和滞留在敌后或与敌接近的国民党几个军、师，以及山西青年抗敌决死队第1、3纵队等，坚持在晋东南和敌后抗战。2月20日，朱德率八路军总部从洪洞县马牧村出发，向太行前线挺进。这时，晋南战局紧张骤然加剧。日军获悉中国军队打算"反攻太原"，决定先发制人，发兵两路向晋西南进攻。北路从同蒲路南下，直逼临汾，东路沿临（汾）屯（留）公路向西进犯。朱德由西向东，正同东路日军迎面而进。朱德到达安泽县时，日军已占领了屯留、长子。

朱德所在的岳阳镇在临屯公路北侧，周围是山地，要避开敌人转移到安全地带很容易。但是，考虑到日军来得太突然，临汾军民尚无准备，如果听任日军迅速进抵临汾，势将造成重大损失。因此，朱德决心率领随总部行动的200名警卫通讯战士和为数不多的安泽县自卫队与敌周旋，迟滞日军的西进。他率领这两连兵力推进到临屯公路上的古县镇迎敌，同时令离敌较近的友军第3军曾万钟部和第47军李家钰部赶到临屯公路阻击，又令129师速从正太线南下。

24日，在古县以东的府城镇（今安泽县县城）与敌先头部队3000人接触。这时友军部队没有依令赶到，朱德只得派左权率少数部队利用有利地形展开阻击。第二天激战一日，由于没有兵力补充，朱德又把总部的警卫战士都派到前线去。这时，日军探知阻击他们的竟是

赫赫有名的八路军总司令朱德率领的一支小部队，立刻出动十几架飞机向朱德所在的古县镇轰炸。幸好，日军飞行员把屯留以北的故县当作是安泽的古县，大批炸弹都投到了故县，古县却平安无事。日军以为轰炸了八路军总部，大肆宣扬吹嘘。一时间全国军民都为朱德的安全担忧，纷纷致电八路军驻武汉办事处和《新华日报》，问讯："朱德将军有无下落？""朱德将军是否安全？"

此时，朱德仍在险境中，从容不迫地指挥着阻击敌人的战斗。从府城到临汾不过百余里路，朱德以少量兵力迟滞东路日军达3天之久，为临汾几十万军民的安全转移争取了时间。

在日军进攻临汾期间，延安获得一个重要情报：华中地区日军司令官松井石根奉召回国，表明日军战略计划将有变化，停止在中国东南部的动作，而用全力肃清黄河以北，并向西北发展。毛泽东等对这一情报非常重视，3月初接连致电朱德，要他把敌后的八路军主力西调，以加强河防，保障后路，只留一部分部队在晋东南坚持游击战争，并说此方针已获得政治局之完全同意，"望坚决执行"。中央还要求朱、彭也回到黄河以西，即使留一人在前方指挥，也只宜留在吕梁山脉等不被敌隔断的地区，决不应留在汾河以东。

这时，朱德已率总部同前不久去中条山脉联络友军的彭德怀会合，并准备北上太行山。他们回电中央，分析敌人兵力与战场形势，认为日军正集中主力在徐州会战，目前不可能大规模进攻西北，并认为友军未渡黄河前，把八路军主力西调不利于统一战线，"到了真有必要的时候，八路军可以西渡，保卫陕北，目前仍希望去太行前线指挥作战"。

3月9日毛泽东等电复朱、彭，同意在目前阶段八路军主力暂不过黄河，在不被敌隔断的条件下，配合友军作战。但必须巩固吕梁山脉，布置好太岳等地区工作，以保障将来转移便利。同日，朱德、彭德怀致电129师领导人，重申"坚持华北游击战争是我们确定的方针"。

第二天，朱德率总部向太行山进发，几天后到达沁县小东岭。3月下旬，他在这里主持召开东路军将领会议，到会的除八路军115师、129师领导人外，还有山西第三行政专员公署专员薄一波以及国民党军将领曾万钟、朱怀冰等军、师、旅长共30多人。朱德在会上讲话，分析敌我形势，介绍八路军坚持敌后抗战的战略战术，鼓励国民党军队将领为抗日作贡献。会议快结束时，朱德邀请会议参加者实地参观129师在响堂铺利用有利地形打的一次伏击战，突然袭击过路的日军两个汽车中队，2小时结束战斗，焚毁敌全部汽车，毙敌官

兵 170 多人，缴获迫击炮 4 门，各种枪支数百。这次观战，使友军将领对游击战的威力有了认识，增强了抗战信心。

从这时起，到 1940 年 5 月朱德回延安以前，在两年多时间里，八路军总部一直移动在太行山区的武乡和沁县之间，这里成了华北敌后抗战的指挥中心。

1938 年 4 月初，日军为解除八路军对其后方的威胁，调集 3 万多兵力，分九路向以太行山为依托的晋东南抗日根据地发起围攻，企图拔掉设在这里的东路军及八路军总部。朱德早已根据日军动向料到了这次进攻，制订了以一部分兵力牵制日军其他各路，集中主力相机击破其一路的作战方针。他命令 129 师主力向东转移到日军合击线以外集结待敌，同时发动群众坚壁清野，令各游击队积极袭扰疲困敌军。4 月 16 日，129 师主力奉命将奔波于榆社、武乡之间的日军一个联队包围于长乐村，一举歼敌 2200 余人，迫使其他各路日军惊慌退却。八路军又乘胜追击，到 4 月下旬，完全粉碎了日军的九路围攻，先后共歼敌 4000 余人。

粉碎日军九路围攻，使以太行山为依托的晋冀豫抗日根据地得到巩固和发展。朱德贯彻党中央关于开展平原游击战的指示，电令 129 师及 115 师一部分兵力向冀西、冀南、豫北和山东等平原地区发展，很快形成了晋冀鲁豫根据地,与晋绥、晋察冀、山东等几大抗日根据地相呼应。朱德还令晋绥军区的宋时轮支队和晋察冀的邓华支队组成八路军第4纵队,进入冀东、热(河)南、察(哈尔)东北,创造冀热察根据地,令晋绥军区李井泉骑兵支队北上绥远创建大青山根据地。这些抗日根据地控制了同蒲、正太、平汉、津浦、陇海等铁路线和华北各战略要点。此时,八路军已由出师时不到3万人发展到13万多人。

屯垦南泥湾

1940年5月26日，朱德回到延安。这次回来后他再没有到华北前线去，直到抗战胜利。他被留在延安，协助毛泽东指挥全国各抗日根据地的斗争。他是党的军委副主席，仍兼第18集团军总司令，还兼任了许多其他职务，凡是需要由中共领袖人物出面的活动，常常都由朱德担负，这就减轻了毛泽东的工作负担，使他能集中精力来研究重大的政策问题和理论问题。朱德在领导军委工作的同时，主动承担起边区部队的生产指挥工作。眼下，离春耕播种的时节越来越近，他正在为边区部队垦荒屯田的布置日夜操劳着……

"总司令，他来了！"警卫员裹着一股寒风，风风火火地闯了进来。

"快让他进来！"朱德连忙起身吩咐道。

门被推开了，进来的是一个二十五六岁的年轻人。

"你是刘宗义同志，对吗？"

"是的，总司令。"

"来，快坐下谈。"朱德一边说着，一边给刘宗义倒了一杯白开水。

原来，担任延安专区工程管理局分局长的刘宗义日前接受了一项任务，带领30人的队伍去南泥湾勘察地形。他们在荒无人迹的山川丛林中，披荆斩棘，转了十多天，终于完成了勘探任务。刚一回来，刘宗义就接到地区专员马锡五的通知，说朱总司令要立即见他。

刘宗义怀着激动的心情向朱德总司令详细汇报了南泥湾等地的情况。朱德不停地在本子上记着，还不时向刘宗义提出一些问题。

"刘宗义同志，你做了一件大事，我代表部队指战员感谢你。"谈话结束时，朱德握住刘宗义的手称赞道。

"这是上级交给我的任务……"刘宗义腼腆地笑着说。

"我给总部炮团武亭团长写封信，请你带去，要他立即率领炮团随你进入南泥湾。"朱德兴奋地说着，随后铺开纸写起来。

2月里，大地还没有解冻。朱德便带着中央直属机关财政处处长邓洁、359旅718团政委左齐以及几名技术干部风尘仆仆地来到南泥湾。

"真是一块好地方！"朱德站在高坡上，望着南泥

湾空旷无际的山川原野，赞不绝口。

"总司令，这回我们就不愁没有粮食了，我们718团一定要把这里建设好。"左齐满怀信心地说。

"好嘛！你们要把打仗的劲头拿出来，在生产中当模范，为边区部队以至各根据地部队做出表率。只要有了粮食，就不怕敌人封锁我们。毛主席讲过，在我们的面前只有三条路，一是饿死，二是解散，三是搞生产运动。看来，我们既不愿意饿死，也不愿意解散，那就只能走第三条路，别无选择。"朱德放下望远镜，严肃而认真地对在场的人说。

白天，朱德一行翻坡过川，边考察，边规划。夜幕降临时，他们终于找到了几户人家，便决定在附近废弃的破窑洞里宿营。

一堆篝火在窑洞前燃起，大家围坐在火堆旁，一边吃着干粮，一边闲聊着。朱德吩咐警卫员去找这里的老乡。

不一会儿，警卫员领着一位须发斑白的老汉来了。朱德亲热地和老汉打着招呼，而后和他摆起了"龙门阵"。谈话中，朱德了解到老汉姓唐，原籍也是四川，早年随父辈逃荒离开家乡，在这里已经生活、劳作了五六十年。

"老人家，我们八路军要来这里开荒种地，请你当

▲ 1942年4月，朱德在贺龙、王震陪同下，视察南泥湾屯垦部队生产情况

个顾问，帮助我们出出主意，行不行？"朱德拍着唐老汉的肩膀，亲切地说。

"出主意，咋个不行，这方圆几十里，我熟着哩。八路军为咱穷人翻身打仗，我这把年纪，虽说不中用了，为八路军带个路还没啥子事哩！"唐老汉说着，愈来愈激动起来。

"好嘛！"朱德微笑着说道："军队和老百姓团结起来，共同粉碎国民党顽固派的封锁。我们不仅要开垦南泥湾，把南泥湾建成陕北的江南，将来我们还要建设没有压迫、没有剥削的新国家。"

夜深了，大伙儿却没有丝毫倦意，依然兴致勃勃地围坐在熊熊燃烧的篝火旁，说着、笑着。回到延安不久，一个开垦南泥湾的规划方案产生了。359旅、警卫团、教导2旅等部队相继开进了南泥湾、金盆湾、陶宝峪等地，一场轰轰烈烈的大生产运动在山川荒野中展开。

在大生产运动中，朱德从不以总司令自居，而是身体力行，带头参加生产劳动。

起初，朱德所在的党小组考虑到他年纪大了，没有给他分配生产任务。朱德得知这一情况后，在小组会上表示，党中央的号召，每个党员都要积极执行，任何人都不能特殊。

从此，每当清晨或傍晚，人们常常可以看到朱德总司令在驻地附近的菜田里浇地、薅草……在一次边区举办的生产展览会上，朱德把自己种的西红柿、冬瓜等蔬菜送去参展。参观的人们看到之后，赞叹不已。有人即兴赋诗：

工余种菜又栽花，
统帅勤劳天下夸。
愿把此风扬四海，
逢人先说大冬瓜。

1942年7月，正是五谷丰登、鸟语花香的时节，朱德邀约徐特立、吴玉章、谢觉哉、续范亭等一同前往南泥湾参观。经过开垦的南泥湾，像是换了一个地方，面貌大为改观，一年多前的荒凉景象早已荡然无存，除了开垦的田野外，还建起了纺织厂、造纸厂、养蜂场、畜牧场、合作社和休养所。南泥湾的变化，使朱德和几位老人兴奋不已，纷纷欣然提笔，即兴赋诗。朱德写道：

纪念七七了，诸老各相邀。
战局虽紧张，休养不可少。
轻车出延安，共载有五老。
行行卅里铺，炎热颇烦躁。
远望树森森，清风生林表。
白浪满青山，绿叶栖黄鸟。
丛林蔽天日，一览群山小。
去年初到此，遍地皆荒草。
夜无宿营地，破窑亦难找。
今辟新市场，洞房满山腰。
平川种嘉禾，水田栽新稻。
屯田仅告成，战士粗温饱。
农场牛羊肥，马兰造纸俏。
小憩陶宝峪，清流在怀抱。

诸老各尽欢，养生亦养脑。

熏风拂面来，有似江南好。

散步咏晚凉，明月挂树梢。

南泥湾的创举，不仅推动了全国各抗日根据地军民的生产热潮，而且打破了国民党顽固派的经济封锁，使边区和根据地军民在艰苦卓绝的抗日战争中度过了最艰难的时期。当陕甘宁边区军民喜庆丰收的时刻，谁也不会忘记朱德总司令为边区大生产运动倾注的心血。

运筹与决胜全国解放战争

抗日战争结束后,以蒋介石为首的国民党反动派坚持独裁、内战与卖国政策,企图消灭中国共产党及其领导的人民军队和一切民主力量,独占胜利果实,继续维护大地主大资产阶级的反动统治。无疑,遭到全国人民的强烈反对。这又面临着一场光明与黑暗的决战,朱德作为人民军队的总司令,在这场决战中,再一次运筹帷幄,决胜千里。

1945年8月,在毛泽东前往重庆谈判期间,朱德与刘少奇一道为部署进军东北做了大量工作。早在8月23日的会议上,朱德即指出,东三省我们一定要去,要派大批干部去开展工作。后来又对即将出发到东北工作的干部讲话说:我们要积极向东北发展,东北大有文章可做。蒋介石部队的大部分在南方,即使到了东北,顶多是他占城市,我占乡村。9月14日,他在中央政治局会议上指出:中央要迅速派人到东北去,要准备组

织40万~60万军队和国民党军队对抗。17日，他与刘少奇致电毛泽东、周恩来，提出"向北推进，向南防御"的方针，主张力争东北，控制热、察。这就是著名的"向北发展，向南防御"方针的最初提法。朱德这些高瞻远瞩的正确主张，对日后夺取解放战争的胜利具有重要意义。

1946年6月26日，国民党反动派撕毁《双十协定》和《政协决议》，悍然向中原解放区发动进攻，内战全面爆发。次年3月，国民党全面进攻计划受挫，被迫转入对山东和陕甘宁边区两翼的重点进攻。3月18日，中共中央决定撤出延安。25日，在清涧县枣林沟召开中央政治局扩大会议，决定毛泽东、周恩来、任弼时留在陕北主持中央工作，以刘少奇、朱德等组成中央工作委员会（简称中央工委），接受中央委托前往华北开展工作。

中央工委到达晋察冀根据地平山县后，朱德与晋察冀军区负责同志会商，决定由军区司令员聂荣臻召集纵队、旅、团级干部会议，总结过去作战的经验教训。随后，朱德又具体帮助他们恢复野战军，建立军区后勤部，统一领导供给、卫生、兵站、运输、交通、补充新兵、训练俘虏等工作，使野战军脱离后方勤务，只管训练与打仗两件事，大大提高了战斗力。

朱德还向晋察冀军区的干部讲传统,讲战法。6月10日,在冀中军区干部会上,他对歼灭战法作了精辟阐述。指出,打歼灭战是红军传统的战略思想,集中兵力打歼灭战时,要注意:(一)集中兵力主动作战。主动就是让敌就我,而我不就敌。我能调动敌人,而不受敌人调动。(二)打敌之侧背,包围歼灭敌人。打侧背须要大胆。要练出"欲打"敌人跑不了,"欲退"敌人追不上的本领。要发扬迅速、秘密、坚决的红军传统。(三)利用有利地形,把敌人消灭掉。此外,不但要有打垮敌人的威力,还要有压倒敌人的气势。我们要在政治上压倒敌人,瓦解其抵抗。我们还要学会自己的建军方法,学会依照自己的情况去带兵、养兵、练兵、用兵。"有什么武器打什么仗,在什么地方打什么仗,遇到什么敌人打什么仗。"

在朱德指导下,晋察冀野战军于6月中下旬,先后发起青(县)沧(县)战役和保(定)北战役,两个战役都取得了胜利。为此,朱德致电中央军委说,我军打堡垒和攻城的战术都有相当提高,步炮能协同作战。今后的华北作战已转为主动,仍以围城打援为宜,有条件亦可破城。7月11日,他致电毛泽东,汇报军工生产部署,并提出,下一战役拟打石家庄。经过一年作战,1947年夏人民解放军开始了战略进攻。10月10日,朱德、彭德怀以人民解放军总司令、副总司令名义联名发表《中国人民解放军宣言》，号召全国人民协同解放军"打倒蒋介石，解放全中国"。朱德针对战略进攻中打大中城市任务的加重，强调：必须极大地注意学习阵地攻击战术，这是我军建军以来经过三次革命战争的新课题。随着战争形势的变化发展，同蒋介石进行战略决战的问题已经提上议事日程。朱德同样以很大的精力考虑战略决战的时机和地点。在1948年8月23日举行的解放军总部战局战况汇报会上，他分析说：中原战场是决战的战场。自古以来谁在中原取得胜利，最后胜利属于谁的问题就能解决。对东北的敌人，我们不能让他们进关。如果让他们进关，增至华北或华中，都会增加我们的麻烦。在11月26日的战况汇报会上，他指出：20年来的革命战争，向来是敌人找我们决战。今天形势变了，是我们集中主力找敌人决战。东北决战已把敌人消灭了，现在正在徐州地区进行决战，平津决战也即将开始。我们的胜利已经肯定了。从9月起至1949年1月，他协助毛泽东指挥东北、华东、中原野战军和华北两个兵团先后发动辽沈、淮海和平津战役，基本上消灭了蒋介石的主要军事力量。三大战役的胜利，加速了中国革命胜利的进程。为适应党的工作重心由乡村转到城市，以生产建设为中心的问题，中共中央于1949年3月5

日在西柏坡召开七届二中全会。朱德在会上强调要搞好国防，他说：今后我们进了城市，取得全国政权，就有了自己的国家，就要搞好国防。要实行征兵制，建立自己的海军、空军、炮兵、步兵等，建立和训练国防部队。25日，中共中央、中央军委和人民解放军总部迁至北平（今北京）。当天下午，毛泽东、朱德等在西苑机场检阅部队。

4月11日，朱德对即将南下的第四野战军高级干部讲话，指出国民党政府企图利用和谈，拖延时间，重整力量，部署江防，负隅顽抗。我们要迅速渡江南下，解放全中国。南下时要认真执行各项政策，要担负起工作队的任务。

由于南京国民党政府拒绝接受国共谈判代表团共同达成的《国内和平协定》，4月21日，毛泽东、朱德联名发布《向全国进军的命令》，命令人民解放军"奋勇前进，坚决、彻底、干净、全部地歼灭中国境内一切敢于抵抗的国民党反动派，解放全国人民，保卫中国领土主权的独立与完整"。

亲临前线克石门

1947年10月,清风店战役刚刚胜利结束,晋察冀野战军就开始向石家庄运动合围了。

蒋介石做梦也没有想到,他亲手挑起的内战才刚刚打了一年多,华北战场的形势竟对他如此不利。从1946年6月到1947年2月的8个月中,他的8万多精锐部队从地球上消失了。

4月至7月,国民党军在正太、青沧、保北三个地区,又接连吃了三次败仗。如今,驻守在河北、山西一带虽然还有9个军30个师的兵力,但除了保卫北平、天津、保定、石家庄这几个大城市的部队外,真正能抽出来用于机动作战的部队只不过两个军。少了!太少了啊!对第3军军长罗历戎,他原来还是寄予一些希望的。谁知这个饭桶在清风店竟那么轻易地就被共军吃掉了。眼下留守石家庄的,就只有刘英的32师。对于刘英这个人,蒋介石还是了解一些底细的。他虽然是黄埔军校第 4 期的毕业生，但此人性格怯懦，颟顸无能，肉头肉脑的，三脚踢不出一个屁来。再加上势单力薄，靠他去守石家庄，有点玄呢。可是目前除了刘英，又往哪里去调部队呢？蒋介石左思右想，还是找不到什么好办法。苦于无奈，只好开了一张慷慨激昂的空头支票给刘英。

"共军若敢进攻石家庄，兄当亲率陆空大军前去支援。"心里却在想：只好死马当活马医了，但愿上帝能保佑他！

10 月末，石家庄周围已经是战云密布了。市内，敌人日夜在加修工事，准备死守；市外，我军厉兵秣马，加紧了战前的准备工作。

就在这个节骨眼上，朱总司令从西柏坡来到安国。这里是晋察冀野战军司令部所在地。指战员们一听说朱总司令亲自到前线来了，一个个喜笑颜开，心里说：这一仗，肯定又能打赢了！

这信心，当然不是没有根据的。它是来自对朱总司令的热爱和钦敬，同时也是朱总司令几十年来身经百战的革命斗争实践所一再证明了的。

这些天来，朱总司令确实是够忙够累的了。他既要听取野司负责同志们的汇报，指导他们拟定作战方案，又要深入部队去检查战备情况，鼓舞士气。从战略指导

原则、战役指导思想到具体的战斗指挥方法，他都要细致地加以考虑，并且还要把它变成广大指战员的自觉行动。这中间，该有多少具体工作要做啊！白天，他坐着一辆中型吉普车，东奔西跑地观察地形；晚上，他还要和野司的同志们开会，直到能望见东方升起的启明星。解放石家庄，真不知花费了朱总司令的多少心血！

10月25日，野战军前线委员会召开旅以上干部扩大会议，具体研究区分作战任务和检查战前的准备工作。朱总司令在会上作了重要讲话。他提出了"勇敢加技术"的号召，要求各部队在作战中，要加强党的领导，精心计划，搞军事民主。对作战中可能发生的问题，可通过"诸葛亮会"，发动大家想办法，集中群众的智慧加以解决。此外，还要认真钻研战术、技术，严格入城纪律，做好入城的教育工作。

10月27日，朱总司令驱车来到炮兵旅检查战备工作。他检阅了炮兵队伍，细致地询问了各种炮的性能、射程、重量、挽驮和弹药贮备等情况。他反复交代战士们说："你们炮兵是给步兵开路的。炮不打，口不开嘛。所以人们才把你们炮兵称作是'战争之神'。炮要打得准、打得猛、打得狠，要能够在各种不同的地形上实施射击。只有步炮协同好，才能更快地消灭敌人。"对于干部，朱总司令首先要求他们要认真学习毛主席代中央起草的党内指示《解放战争第二年的战略方针》，以明确任务，跟上形势。其次，在谈到当前的具体作战任务时，他说，"石家庄是敌人经营了多年的一座城市，设有坚固的工事，又凭借天上飞机的配合，妄图做垂死挣扎。解放石家庄是一场阵地攻坚战，这和我们过去打仗有很大的不同。这次我们要以对阵地的进攻战术为主要手段，有组织有步骤地用技术去进攻，用坑道作业接近敌堡，用炸药爆破，并加以猛烈的炮击。这样，我们就能稳打稳进，有效地消灭敌人。你们一定要充分准备好各种战斗物资，特别是炸药和炮弹，并且还要准备好人员的补充。打攻坚战，这是一个新的课题。你们炮兵应该学得更快、更好，收获更大。守石家庄的敌人是胡宗南的嫡系部队，是从陕甘宁地区调来的。我们一定要把这股敌人歼灭在晋察冀，不能让他再有一兵一卒回到陕甘宁去。"

10月30日，由朱总司令提议召开的炮兵、工兵干部会议又开始了。这次会议专门研究如何打地堡、暗堡，如何进攻。朱总司令要求："又勇敢，又少牺牲战友，不是更好么？把攻坚战术学好，早些拿下石家庄，那该多好？"

从思想发动到物资准备，从战役部署到战斗方案，一切都成熟了，就绪了。

11月6日，解放石家庄的战斗打响了。至12日，驻守石家庄的2.4万多名敌人全部被歼，刘英也做了我军的俘虏。

喜讯传来，朱总司令十分高兴，当即签发一份嘉奖前线官兵的电报。电报说："仅经一周作战，占领石门，歼灭守敌，这是很大的胜利，也是夺取大城市的创例。特嘉奖全军。"

发完电报，已经是早晨了。朱总司令走出门外，舒展双臂，深深地吸着那清凉而又新鲜的空气。抬头望去，朝阳正顶着一抹橄榄色的云冠冉冉升起，霞光给青山绿水披上了斑斓的彩衣，新的一天又开始了。

在最小的司令部里

1948年秋,解放战争进入战略决战阶段。经过各野战军夏季攻势的大量歼敌,军事形势发生了急剧变化,解放军在数、质量上占了优势,夺取全国胜利的时机已经到来。

朱德于夏天回到西柏坡。此时,西柏坡又恢复了当年延安山坳里的景象,而且似乎比延安更加忙碌,更加喧闹。

1948年4月中旬,毛泽东由山西到达河北阜平城南庄。5月18日,毛泽东的住房在国民党的飞机轰炸时击中,他当晚转移到距城南庄20多里的花山村。当时没有马上移住西柏坡。其中的原因,是准备出国赴莫斯科秘密访问,与苏共中央商谈一些有关建立新中国的重大问题。

5月10日,斯大林致电毛泽东,考虑到中国战局的发展和他途中的安全,建议他推迟访苏。5月27日,

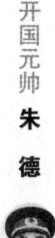

毛泽东由花山村南下，到达河北平山县的西柏坡，与先后到达的朱德、刘少奇、周恩来、任弼时及中央机关、中央军委机关及政府机构会合。

中共中央五大书记全部到齐。当时中央机关曾有一句话："五个茶杯子摆在一起，老蒋就要倒霉了！"

中央机关设在靠阳面山坡的一个村落里。经毛泽东提议，中共中央书记处书记实行集体办公，所以五大书记都居住在几个相邻的农家小院里。为了方便指挥，军委作战室就设在书记处成员的居住区。这样，全国战场的指挥者们的生活、工作就在方圆几百米的天地里，难怪敌人错把这里当成一个团的指挥所。

这是一个精干、高效的机构。根据分工，毛泽东主持全盘，领导全国解放战争和解放区的土改，接管城市以及敌占区的工作。周恩来、朱德主要协助毛泽东指挥全国战场。这个世界上最小的司令部里导演了规模最宏大的战略决战。

瞒天过海

1948年5月,朱德曾遇到一次危险,但说起来却很有趣。

城南庄(位于河北省阜平县)会议一结束,党中央就下达了中原战场近期的作战任务,要求华东野战军的第1、3、4、6、8纵队及中原野战军的第11纵队,共六个纵队,全部在中原的黄淮地区集结,准备打大仗,歼灭国民整编第5师(第5军)。

这一重要作战任务确定后,朱总司令代表党中央和中央军委亲临濮阳前线视察和动员,陪同前往的有华东野战军司令员兼政委陈毅、副司令员粟裕。

朱总司令一行乘坐三辆汽车上路了。第一辆吉普车上坐着陈毅和粟裕,第二辆吉普车上坐着朱总司令,后面一辆大卡车上坐着荷枪实弹、全副武装的警卫人员。走的路虽然是条大道,但年久失修,再加上战争的破坏,到处坎坷不平,一路颠簸。偏偏老天不作美,又下了一场雨，满地泥泞，走走停停，有时还得修路，行进速度很慢。

一过邯郸，就进入敌占区。为了安全，陈毅建议车队夜间行驶，在敌人不知不觉的情况下通过封锁线。

这天晚上，车子刚刚发动，还未上路，当地的同志就来报告说：

"前面三十里外，发现有敌人的散兵活动，公路离敌人的据点也只有两三里路。"

走，还是不走？是绕开敌人，还是照直前进？几个参谋犹豫了。警卫参谋去请示朱总司令："前面发现敌人散兵，走不走？"

"几个散兵怕什么？走！"朱总司令斩钉截铁地回答着。汽车开动了，大家都睁大眼睛，注视着前后左右的动静。为了隐蔽，汽车没有开灯，借着一点朦胧的月光，向前急驶。

赶了30里路，第一辆吉普车突然停下来，陈毅和粟裕跳下车，快步走上一个土岗，警惕地观察着前方。等后面的两辆车赶到时，陈毅向朱总司令报告说：

"前面的确发现有敌人，两百人左右。"

"朝什么方向运动？"朱总司令问。

"正沿着公路向东南方向步行。我们是不是等一下？等敌人过去了再走。"

没等朱总司令回答，后面乘坐大卡车的警卫部队来报告说："后面也发现敌人，有多少，还没弄清。有几辆汽车正朝我们方向开来。我们是不是先向旁边避一避？"

朱总司令思考片刻后，果断地说："前后的敌人都不去管它，我们继续前进就是了！"

朱总司令看大家还在大惑不解，有些提心吊胆，便说："《三十六计》中有一计叫'瞒天过海'，我看今晚月暗天黑，倒是个瞒天过海的大好机会。继续前进，提高警惕，随时准备投入战斗。但是，没有命令，任何人不准开枪。"

汽车又启动了。朱总司令端坐在前排座位上，对司机说："老于，把大灯打开大胆地开吧！"

大灯打开了，两束利剑般的白光，把前面的道路照得通明雪亮。汽车快速前进着，很快就看到前面公路上有100多敌人，稀稀拉拉，倒背着枪，歪戴着帽，竖不成行，横不成伍，像是刚刚败下阵来的散兵。汽车大灯一亮，敌人立刻让开大道，闪在路边，站在草丛里，愣头愣脑地傻看着。有几个还在那里用手比比画画乱指一气。

车队离敌人越来越近，警卫战士的手指都紧紧扣在扳机上，密切注视着前面的动静。突然，敌人指挥官一

开国元帅 朱 德

声令下，一两百人齐刷刷地在大路两边站成两条线，紧接着一声口令：

"立正——！"目送着车队通过。

这到底是玩的什么把戏？

原来，敌人发现车队时，也有个分析估计：起初，他们以为碰上了解放军，吓得赶快散在路旁的草丛里。后来，一看只有三辆车，而且是两辆吉普、一辆大卡车，车上又有国民党军车的标志，认定上面坐的一定是大官，所以赶快列队迎送。

谈也凑巧，后面敌人的那几辆车，渐渐赶了上来，看着前面部队那种列队迎送的架势，认定前面车上坐的准是大官。所以，总是保持着三五百米的距离，不敢超过。就这样，在天亮前，朱总司令的车队顺利地通过了敌占区。

一进入解放区，车队飞速前进，直向华东野战军前线指挥部所在地——濮阳驶去。

朱总司令带着两员大将，硬是乘着汽车从敌人鼻子底下通过封锁线，于5月11日安全抵达濮阳。他听取汇报后，向华东野战军1、4、6纵队的团以上干部作了重要报告，动员大家在新形势下，努力学习战术，用"钓大鱼"的办法，寻机歼灭敌整编第5师。5月18日，他离开濮阳，安全返回总部。

穿着补丁鞋进京

1949年3月初,西柏坡又如同到了节日前夕。

院落都被反复打扫过,大小院落里杏树、海棠、梨树和椿树等都被精心修剪过,果树放芽吐绿,鸟音婉转悠扬。最引人注目的是那几间中央办公厅大灶的伙房,现在被改建成中央七届二中全会的会场。

3月5日早晨,因连日来同各战区的领导们彻夜长谈,朱德眼里带着血丝,但他的精神特别饱满,早早地来到会场。从这一天开始,1个多星期的日子便是大家商讨国事的重要会期。

毛泽东在会上作了在全国胜利的局面下,党的工作重心由农村转向城市的报告。各位书记和各中央局负责人都对形势作了分析。

朱德历经从城市到农村,再从农村到城市的转变,对这历史性的巨变特别感慨,他讲了4条:"军队要由战斗队逐步转变成工作队;要建立和训练正规的国防部

队；要学习科学知识和建设本领；不骄不满，凡骄傲者都是幼稚的人！"

短短4条，是朱德在进城前夕拥抱新中国时的忠告。

时间到了3月底，玉带般的滹沱河水也把西柏坡染上了一层翠绿。

一天前，已先期进入北平担任市长的叶剑英打来电话，说毛泽东和朱德等中央首长进入北平的日程已经安排好。为了保证中央安全，叶剑英对北平警戒工作做了精心安排，由第四野战军派出车队将中央领导和机关工作人员由西柏坡运至涿县，在涿县乘火车到西直门，然后进驻香山，沿途警戒由华北军区和第四野战军及中央社会部李克农带人负责。朱德认为进城要俭朴，但考虑到敌情复杂，一定要保证毛主席和党中央的安全。知道沿途有近3个军的部队护驾，他感到放心了。

3月25日，朱德起得很早。

一星期前，中央机关就下达了装车的通知。朱德的行李简单，早已收拾妥当，连被褥也装上车了。

周恩来检查准备搬移工作归来，朱德感慨地说："三大战役打下来，我们投入兵力是260万人左右，加上民兵和参战民工600万，总共差不多900万人吧！"

"对，总司令估算的数字比较可靠。"周恩来点头赞同。

"三仗加在一块算不算得上是世界上最大的战役？和苏联的列宁格勒战役、斯大林格勒战役相比怎么样？"

"差不多。列宁格勒战役，德军180万人，苏联红军125万人，总共300多万人，打了900多天。不过，他们没有我们这么多的民兵和参战民工。"善于记忆的周恩来熟练地说出了一大堆数字。

少顷，周恩来有所悟："总司令，你这笔账算得有意义啊！我们在最小的房子里，指挥打赢了世界上最大的战争。"

朱德要离开了，但又回到屋里。他看见墙角里那双补了又补的棉鞋，便问警卫员："还可以穿，怎么丢了呢？"警卫员告诉他，供给处的同志考虑到天气还冷，给他发了一双新鞋。朱德说："我这双鞋补一补还可以穿，你把新鞋退回去。我们的战士还在前方打仗，他们比我更需要新鞋！"就这样，朱德穿着打了补丁的棉鞋，踏上了通往未来首都的大道。

1949年3月25日上午，朱德一家乘一辆汽车，随车队离开了西柏坡。次日顺利抵达北平。

26日下午，他和毛泽东、刘少奇、周恩来、任弼时等在西苑机场同前来欢迎的各界代表和民主人士

1000多人见面,并庄严地检阅了解放军守城部队。

随着命令的下达,当天第2和第3野战军以排山倒海之势发起渡江战役。从江西湖口到江苏江阴,在500余公里的江面上,炮火连天,万船齐发,突破长江天险。两天后,蒋介石的老巢南京被攻占,在总统府上空飘扬的那面青天白日旗像一片枯叶悄然落地。

新中国就要诞生了。

这一年,朱德63岁。

在天安门上检阅三军

1949年10月1日,天安门广场迎来了最辉煌的一刻。那天,朱德向着那个巨大广场的最高处走去。

这真是座高高的城楼啊!面对成千上万欢呼的人群,朱德思绪万千。

1922年盛夏,朱德第一次来到北京。

为了寻求救国救民的真理,为了寻找中国共产党,朱德抛弃高官厚禄,如期履约同挚友孙炳文会合。在宣武门外方壶斋胡同孙炳文的寓所里,朱德不顾旅途劳顿,放下包袱便执意要老友作向导,看一看京城。

满腹经纶的孙炳文一路走一路讲:"一进正阳门,穿过瓮城就是大清门,天安门坐北朝南,东西两边各有一座长安门,围成中央一块开阔的禁地,桦柏古木森然肃穆。广场两侧的千步廊周围分布着封建王朝的中央衙署,而面前这座巍峨雄壮的天安门即是中央皇权宣告天下的所在。'天安'之意就是圣朝皇帝奉承天意安四极

开国元帅 **朱 德**

八荒……"

历史无情地淹没了两位巴蜀青年的对话。而今天,历史又不得不正视他们27年前那段简短的对话。

"总司令,这边站。"毛泽东亲切招呼朱德。

1949年10月1日下午3时整,毛泽东、朱德、周恩来站在天安门城楼上,也站在中华民族新时代的起点上。新中国在这里诞生,新的一切从这里开始。

在象征中国共产党28年艰苦卓绝斗争的28响礼炮声中,凝结着千百万革命先烈鲜血的五星红旗,在天安门广场冉冉升起。首都北京30万军民在此聚会,全中国4万万人民的心向往着天安门。毛泽东神情肃穆,目光扫过了天空和大地,看了看身旁的朱德和周恩来,而后上前一步,就在那个昭告天下的位置上,向全世界庄严宣布:"中华人民共和国中央人民政府今天成立了!"

《义勇军进行曲》浑厚而雄壮的乐曲缓缓奏起,广场上欢声雷动。上午刚刚在中央人民政府委员会第一次会议上被任命为中国人民解放军总司令的朱德在聂荣臻的陪同下,检阅了人民解放军部队。正义之师,威武之师,胜利之师,一张张年轻刚毅的面孔在阳光的照耀下洋溢着胜利的喜悦。眼前这支由毛泽东和他缔造的军队历经20余载的艰苦奋斗,已成为一支强大的队伍,他无限欣慰。

朱德庄严地发布《中国人民解放军总部命令》：

"全体战斗员、指挥员、政治工作人员和后勤工作人员同志们：

中华人民共和国的武装部队，今天和全体人民在一起，共同来庆祝中华人民共和国中央人民政府的成立。我们中华人民共和国的武装部队，在反对美国帝国主义所援助的蒋介石反动政府的革命战争中，已经取得了伟大的胜利。敌人的大部分已经被歼灭，全国的大部分国土已经解放……但是现在我们的战斗任务还没有最后完成。残余的敌人还在继续勾引外国侵略者，进行反抗中华人民共和国的反革命活动。我们必须继续努力，实现人民解放战争的最后目的。

▲ 1949年10月1日，朱德总司令在聂荣臻陪同下检阅部队

我命令中国人民解放军全体指战员、工作员，坚决执行中央人民政府和伟大的人民领袖毛主席的一切命令，迅速肃清国民党反动军队的残余，解放一切尚未解放的国土，同时肃清土匪和其他一切反革命匪徒，镇压他们的一切反抗和捣乱行为。"

由几万名解放军将士组成的方队在八一军旗引导下从天安门前通过。几百万人民子弟兵在朱德总司令的命令声中向东南、西南、西北全面进击。广场上的口号声、飞机轰鸣声和欢呼声，远方山谷、海岛、领空的冲锋号声、枪炮声和胜利的欢呼声，构成了新中国诞生的气势恢宏的奏鸣曲……

中华第一帅

公元 1955 年 9 月，朱德已经 69 岁了。

9 月 27 日下午，当朱德来到中南海怀仁堂前时，一股暖暖的热流从胸膛渐渐地往脸上涌，双眉跳动了一下，露出欣慰的笑容。毛泽东要在怀仁堂为中华人民共和国的元帅们授勋。

怀仁堂内外喜气洋洋，连中南海也一改往日庄严宁静的气氛，显得熙熙攘攘，不时地传来阵阵欢笑声。

"我们的总司令来喽！"当朱德健步走进东休息室时，陈毅立刻站了起来。休息室里，身穿海蓝色元帅服的彭德怀、贺龙、陈毅、罗荣桓、徐向前、聂荣臻等谈笑风生，精神抖擞。

"各位早来了！"朱德双手抱拳，向大家致意。

彭德怀、贺龙等人看见朱老总走进来，也纷纷站了起来。在多年南征北战中，朱德是总司令，也是共和国元帅中的长者。朱德出生于 1886 年，比刘伯承还大 6

岁,比贺龙大10岁。

"免礼免礼,大家请坐!"看见彭德怀等人先后站起来,朱德连忙做了个让大家坐下的手势,脸上露出慈祥的微笑。

陈毅走到朱德面前,上下打量了一番,乐呵呵地说:"老总哎,你穿上这身行头好漂亮哟!比南昌起义时还年轻嘛!"一句话说得大家都笑起来。

陈毅转身要坐下,忽然看见身旁站着贺龙,又用浓重的四川口音问:"贺老总,当初在南昌打第一枪时,想到了今天要成为元帅吗?"

贺龙摸摸一字形黑髭须,颇有几分自豪地说:"那时候一心想把第一枪打好,哪里能想到今天当元帅哟!"

一说到南昌起义,老帅们你一言我一语,感慨万千。

忽然,一个熟悉的声音传进耳朵里,老帅们不约而同地转过脸去,是周恩来总理走进东休息室了。

看见周恩来,贺龙坦率地说:"我们的周副主席也应该授勋嘛!"周恩来也是中国人民解放军的主要创建人和领导人。周恩来同贺龙、朱德、刘伯承等人一起领导了南昌起义,以后又长期担任中央军委副主席,同毛泽东、朱德等人一起领导中国人民进行革命战争,为人民军队的建设做出了杰出的贡献,授予周恩来中华人民共和国元帅军衔,是理所当然的,贺龙一句话,说出了大家的共同心愿。

周恩来听后,微笑着摆了摆手,说:"我是政府工作人员,是为元帅们服务的,我给你们当好后勤嘛!"

话音刚落,一辆黑色吉姆轿车在怀仁堂前停住了。毛泽东下了车,微笑着向大家招手。今天,毛泽东依然穿着那一身灰色的中山装。

下午5时整,朱德同毛泽东、刘少奇、周恩来、宋庆龄、林伯渠、李济深、沈钧儒、郭沫若、黄炎培、彭真、李维汉、李先念、彭德怀、邓小平、邓子恢、贺龙、陈毅、乌兰夫等人一起,走上主席台。当时,朱德是中华人民共和国副主席,彭德怀、贺龙、陈毅是国务院副总理,这四位元帅和其他党和国家领导人一起,在主席台上就座。

主席台正面悬挂着毛泽东主席的巨幅画像,画像两侧挂着国旗,授勋会场庄严而肃穆。随即,全国人民代表大会常务委员会典礼局局长余心清声音洪亮地宣布:"中华人民共和国主席授衔授勋典礼开始!"

军队立刻奏起了《中华人民共和国国歌》,那气势磅礴的乐曲在中南海上空回荡……

1955年9月23日,全国人民代表大会常务委员会

举行第22次会议。会议根据中国人民解放军军官服役条例审议了国务院总理周恩来建议授予中华人民共和国元帅军衔的名单,决定授予朱德、彭德怀、林彪、刘伯承、贺龙、陈毅、罗荣桓、徐向前、聂荣臻、叶剑英以中华人民共和国元帅军衔。共和国第一次给为中国革命做出杰出贡献的高级将领授予元帅军衔。

第22次人大常委会会议,不仅决定授予朱德等10人中华人民共和国元帅军衔,还决定对在土地革命战争时期、抗日战争时期和解放战争时期的有功人员朱德、彭德怀、林彪、刘伯承、贺龙、陈毅、罗荣桓、徐向前、聂荣臻、叶剑英等104人分别授予一级八一勋章、一级独立自由勋章、一级解放勋章。

全国人民代表大会常务委员会副委员长兼秘书长彭真用高昂而富有激情的声音,宣读了中华人民共和国主席授予中华人民共和国元帅军衔的命令。顿时,会场上雷鸣般的掌声经久不息。

毛泽东站起来了,开始亲自授勋。

在军乐队演奏《胜利进行曲》的乐章中,第一个接受元帅军衔命令状和勋章的是朱德。

朱德走到毛泽东面前,端端正正地行了一个军礼,再伸出双手,接过毛泽东主席授予的元帅军衔命令状和一级八一勋章、一级独立自由勋章、一级解放勋章。

▲ 1955年9月27日,中国人民解放军军官授衔、授勋典礼在北京怀仁堂举行。毛泽东向十位元帅授衔授勋

毛泽东又伸出手来和朱德握手。朱德和毛泽东双目对视,握在一起的手微微颤抖。从井冈山会师时,朱德和毛泽东第一次握手至今已经整整28年了。28年来,人称"红军之父"的朱德和中国人民伟大的统帅毛泽东同舟共济,带领中国共产党和人民军队,打败了日本帝国主义和国民党反动派,建立了人民当家作主的国家。今天,两位伟人的手又一次握在一起,彼此没有交谈,但千言万语却通过紧握的手在交流着……

下午5时半,授衔、授勋典礼在《胜利进行曲》的

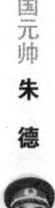

开国元帅 朱德

军乐声中结束了。参加典礼的有关方面负责人，中国人民解放军驻京机关、部队的部分军官，各军区、军兵种和军事院校的国庆节观礼代表共1300多人，先后离开了中南海，毛泽东、周恩来、刘少奇和七大元帅依旧留在怀仁堂。

怀仁堂前的草坪上摆开了一排排木桌，木桌上摆着丰盛的冷餐和水酒。晚餐是自助餐，朱德元帅和参加庆祝活动的人们一起，自拿碗碟，自己动手。

夕阳西下了。墨绿色的水面在霞光的照耀下，好像有无数片锦鳞在畅游；岸边垂柳依依，宛若仙境，中南海的傍晚格外迷人。周恩来端着酒杯来到朱德面前，亲切地说："朱老总，祝贺您。"

周恩来用热烈而激动的声音大声说："同志们，为了中国人民的伟大胜利，为中国共产党领导的武装斗争的胜利，为毛主席、为中国人民解放军全体官兵，为元帅们、将军们和所有荣获勋章的有功人员的健康，干杯！"

在一片欢呼声中，朱德举起酒杯，将无限的幸福一饮而尽。

情系国防现代化

建国后,朱德虽然在党和政府中身兼许多重要职务,但仍然十分关注军队建设和国防建设。战争年代,人民军队基本上是以步兵为主体的单一兵种,建国后,这种状况显然远远不能适应保卫祖国的需要。1950年9月25日,他在全国战斗英雄和全国劳动模范代表会议上强调指出:"摆在我们面前的任务就是:我们必须建设一支十分强大的、足以击退任何侵略者进攻的现代化国防军。"

建立一支强大的国防军,首先需要建立各军兵种部队。1950年9月5日,他致函毛泽东,提出:我们除整顿陆军外,应抓紧建设空军、海军以及装甲兵、工兵、炮兵、铁道兵等特种兵。他对海军建设十分关心。1950年元旦,他为《人民海军》题词:"建设一支足以防御帝国主义冒险侵略的人民海军。"

1951年8月朱德又专门致函毛泽东,提出:我们

应尽可能地去建设海军的防卫力量。1953年9月,他又具体指示海军,不要先去搞大舰,而是要先搞巡逻艇、快艇、炮艇。要多培养一些渔民当海军。对于空军建设,朱德也倾注了大量心血。

1950年3月,他在空军政治工作会议上作《建设一支强大的人民空军》的讲话,指出空军能不能建设好,掌握技术是个关键。后为空军题词:"努力学习,掌握技术,为建设一支新式的强大的人民空军而奋斗。"对各兵种建设,他也作了许多具体指示。

1950年1月11日,朱德指出:为建设我军的炮兵,不仅要办高射炮校,还要办重炮兵学校、山野炮兵学校以及其他炮兵训练班。15日,他致函毛泽东,建议组织工兵二三十万人,平时维修营房、仓库及公共建筑,战时可用于作战。铁道兵原有5个支队,也可扩大到10个支队或更多一些。

1951年10月,朱德指示要建设好装甲兵这一新的兵种,技术具有决定作用。他还提出抓紧制造坦克和发展石油工业。

早在战争年代,朱德就很重视后勤供应工作。建国后,他对此提出了更高的要求。1950年10月,在全军后勤部长会议上,他指出:后勤工作是平时准备,战时应用。能否打胜仗,后勤工作起一半作用。后勤工作要

从现代化战争着眼去进行准备。1953年4月,他在全军后勤领导干部集训队毕业典礼上又指出:后勤部门必须按照现代化战争的要求改进自己的工作,再不能只靠过去的老经验。

朱德同样十分重视尖端技术的发展。1960年10月,他在中央军委扩大会议上指出:我们的军队一定要下决心用尖端技术武装自己。如果我们的军队能在思想、政治上武装好,再加上先进的装备,那就会成为天下无敌的军队。当我国生产出原子弹、导弹的时候,他十分喜悦地说:有了这些家伙,就可以守住祖国的大门。

朱德还十分关心各级军事干部的培养。1954年4月,他以国家考试委员会主席的身份,到军事学院监督国家考试,对学员讲话时指出:如果没有一大批与现代化军队要求相适应的军事指挥干部和政治干部,要建设一支强大的现代化军队是不可能的。他还经常勉励军事干部努力学习现代化军事科学技术,成为马列主义军事家。

朱德除了重视军队的现代化建设外,还十分重视军队的正规化训练。1951年9月,他在一次会议上指出:如果不采用正规化、现代化的训练,就是有现代化的装备,也不能达到真正现代化。后来又指出:军队要正规化,就必须要有一整套制度,要有严格的纪律,还要进

▲ 1955年9月，在庆祝中国人民解放军授衔授勋酒会上，刘少奇（左）向排名第一的元帅朱德（右）敬酒祝贺

行严格的训练。一定要搞好基本教练，要学好技术。

朱德还亲自视察边防、海防，掌握第一手材料。他对边海防建设作了许多重要指示。他很重视军港、海港的建设。北起营口、葫芦岛、秦皇岛、旅大，东经青岛、连云港、吴淞口，南至厦门、黄埔、湛江、榆林、三亚，处处都留下了他的足迹。1974年8月，他以88岁的高龄登上北海舰队的舰只，乘风破浪，巡视海疆，勉励海军指战员为建设强大的海军而奋斗。

生命的最后时刻

1976年6月21日,朱德的病情突然恶化。但按照原先的安排,他还要去接见一批外宾。同志们建议他休息,请中央其他首长代替接见。他说:"这是党安排的,我怎么能够因为身体不好,就随便不去呢?"结果,吃了药,还是去了。

6月25日,经过医生会诊,决定他立即住院治疗。可是,在原定工作日程里,次日下午还有一次接见外宾的任务。他坚持说:"不要紧嘛,等明天我接见完了外宾,再去医院也不晚。"

可是,到了第二天上午,病情又突然恶化,他这才不得不同意去住院治疗。

7月1日那天,朱德的病情已经很严重了,肺炎之外,又增加了肠胃炎和肾病,而且高热一直不退。医护人员和亲属们都在为他着急。可是朱德躺在病床上,还把秘书叫到跟前,问道:"今天是党的生日,报纸该发

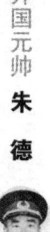

表社论了吧？念给我听听。"

夜，静悄悄的。

病房里，医生、护士们忙碌了一阵之后，安静了下来。朱德打过安眠针后，慢慢地闭上了眼睛。他实在太疲乏了，也该睡一会儿了。

一直守候在病房外面的康克清，隔着玻璃窗，忧郁地望着朱德那双困倦的眼睛。她为他两天来总也睡不着觉而感到焦虑不安。几十年来他们甘苦与共，相濡以沫，没有谁能比她更了解朱德的心思和性格了。过去，他也常常失眠，半夜半夜睡不着觉，那多半是在考虑党的、国家的、军队的大事。而现在，"四人帮"把党和国家搞成了这个样子，问题成堆，满目疮痍，他怎么能静下心来睡觉呢？

"护士同志，老总睡着了吗？"康克清的声音轻极了。

护士轻手轻脚地走到门口，微笑着朝康大姐点了点头。

趁朱德酣睡的这段时间，康克清回想起最近几天朱德对她说过的一些话。这些话，她越来越觉得意味深长，至关重要：

"……'文化大革命'中，军队里虽然出现了几个败类，但从整个军队来说，林彪、'四人帮'是拉不走的。干部中，也有少数人被他们拉了过去，但广大干部是不会跟着他们跑的。至于广大人民群众,则更是反对他们一伙的倒行逆施,不会让他们的阴谋得逞的。一个共产党员一定要坚持真理,不管是在什么艰难复杂的情况下,对革命都要有坚定的信心。"

"……几十年来,我尽心尽力地去工作,去战斗,扪心自问,对党和人民是无愧的。我唯一不放心的是咱们的晚辈。如果将来晚辈们的思想染上了恶习,经过多方教育,仍然不肯悔改,那你就同他们脱离亲属关系,免得他们打着招牌做坏事。我们积蓄的钱,你要全部交给党,不给子孙们留下分文……"

经过几天的综合治疗,朱德的病情不仅不见好转,反而越来越严重了。7月初的一天,党中央的一位负责同志赶到医院来看望他时,朱德说话已经很吃力了。他拉着这位同志的手,断断续续地说:"你要抓经济!……我们国家在国际上的威望只能上,不能下!……我们的生产也只能上,不能下!……无论如何也要把生产……搞上去!我还能做事……要工作……革命到底!"

1976年7月6日下午3时1分,朱德安详地睡了,永远永远地睡了。几十年来,他为中国人民的解放事业,为新中国的兴旺发达,风里雨里、没日没夜地冲啊,杀啊,忙啊,累啊,从来也不肯安安静静地休息一下。只有到了这个时候,他才不得不休息下来。

康克清松开了他的手,把一块宽大的白色罩单,轻轻地盖在他那刚毅的脸上。尔后站起来,看了看他的周身。猛然间,她想起了不久前他亲手书写的"革命到底"四个大字,一连串晶莹闪亮的泪珠又扑簌簌地滴落在她胸前的衣襟上。

这时候,共和国的另一位伟人毛泽东也刚刚从生命垂危中被抢救过来。病榻上的毛泽东听到华国锋向他报告朱德逝世的消息时,用低哑的声音问:"朱老总得的什么病?怎么这么快就……"

从医院出口到八宝山的马路两侧,挤满了臂缠黑纱、胸戴白花的悲痛的人群。朱德元帅的灵车徐徐开来。灵车四周,饰有用黄、黑两色绸带扎着的花球,垂着长长的丝穗。丝穗随着灵车的行进和哀乐的节拍而飘动,把人们的心都搅碎了。多少人抹泪,多少人抽泣,中国人民再一次沉浸在悲痛之中……